Henki, Sielu ja Keho I

Tarina "minuuden" etsimisestä

Henki, Sielu ja Keho I

Dr. Jaerock Lee

URIM BOOKS

Henki, Sielu ja Keho I
Englanninkielinen alkuteos Spirit, Soul, and Body I by Dr. Jaerock Lee
Julkaisija Urim Books (Edustaja: Kyungtae Noh)
73, Yeouidaebang-ro 22-gil, Dongjak-gu, Seoul, Korea
www.urimbooks.com

Kaikki oikeudet pidätetään. Tätä kirjaa tai mitään sen osaa ei saa kopioida missään muodossa, ilman kustantajan kirjallista lupaa.

Copyright © 2014 by Dr. Jaerock Lee
ISBN: 978-89-7557-947-9 04230
ISBN: 978-89-7557-946-2 (set)
Suomenkielisen laitoksen Copyright © 2013 by Dr. Esther K Chung.
Käytetty luvalla.

Julkaistu aikaisemmin koreaksi 2009, Urim Books, Seoul, Korea

Ensimmäinen painos syyskuu 2014

Toimittanut: Geumsun Vin
Suunnittelu: Editorial Bureau of Urim Books
Lisätietoja varten ota yhteyttä: urimbook@hotmail.com

Esipuhe

Yleisesti ottaen ihmiset haluavat menestyvän ja mukavan elämän. Mikään määrä rahaa, valtaa tai kuuluisuutta ei kuitenkaan auta ketään välttämään kuolemaa. Shir Huangdi, muinaisen Kiinan ensimmäinen keisari, etsi elämän kasvin eliksiiriä mutta hänkään ei pystynyt välttämään kuolemaa. Raamatun kautta Jumala on kuitenkin näyttänyt meille tien ikuiseen elämään. Tämä elämä virtaa Jeesuksen Kristuksen kautta.

Minä aloin rukoilla voidakseni ymmärtää Jumalan sydäntä siitä hetkestä alkaen kun minä otin Jeesuksen Kristuksen vastaan ja aloin lukea Raamattua. Jumala vastasi minulle seitsemän vuoden ja lukemattomien rukousten ja paastojen jälkeen. Avattuani kirkkoni Jumala selitti minulle monia vaikeita Raamatun kohtia Pyhän Hengen hurmion kautta. Yksi näistä muodostaa 'Hengen, Sielun ja Kehon' aihepiirin. Tämä on mystinen tarina joka antaa meidän ymmärtää ihmisten alkuperän ja sallii meidän ymmärtää itseämme. Tämä on kuvaus jota en ole kuullut mistään muusta lähteestä ja joka on minulle sanoinkuvaamattoman riemun aihe.

Julistaessani tätä hengen sielun ja kehon sanomaa minä sain useita todistuksia ja vastauksia sekä Koreasta että ulkomailta. Moni sanoi että he alkoivat ymmärtää itseään ja sitä minkälaisia he olivat. He sanoivat myös että he saivat vastauksia useisiin vaikeisiin Raamatun kohtiin ja alkoivat ymmärtää kuinka saavuttaa ikuinen elämä. Osa näistä ihmisistä sanoo että nyt heidän tavoitteenaan on tulla hengen ihmiseksi ja ottaa osaa Jumalan jumalalliseen luontoon. He yrittävät saavuttaa tämän kuten 2 Piet 1:4 sanoo: *"Joiden kautta hän on lahjoittanut meille kalliit ja mitä suurimmat lupaukset, että te niiden kautta tulisitte jumalallisesta luonnosta osallisiksi ja pelastuisitte siitä turmeluksesta, joka maailmassa himojen tähden vallitsee."*

Sun Tzun *Sodankäynnin taito* sanoo että sinä et koskaan häviä taistelua jos sinä tunnet sekä itsesi että sinun vihollisesi. "Hengen, Sielun ja Kehon" sanomat valottavat meissä syvällä olevaa "itseämme" ja opettavat meille ihmisten alkuperästä. Me pystymme ymmärtämään ketä tahansa kun me opimme ja ymmärrämme tämän sanoman perinpohjaisesti. Me opimme tällöin myös kuinka päihittää meihin vaikuttavat pimeyden voimat voiden täten elää voitollista kristillistä elämää.

Minä kiitän Geumsun Viniä, käännöstoimiston johtajaa sekä kaikkia tämän kirjan julkaisemisen puolesta työskennelleitä henkilöitä. Minä toivon että te tulette menestymään kaikessa ja että te tulette olemaan terveitä sielujenne kukoistaessa ottaessanne osaa Jumalan jumalalliseen luontoon.

Kesäkuussa 2009,

Jaerock Lee

Hengen, Sielun ja Kehon matkan aloittaminen

"Mutta itse rauhan Jumala pyhittäköön teidät kokonansa, ja säilyköön koko teidän henkenne ja sielunne ja ruumiinne nuhteettomana meidän Herramme Jeesuksen Kristuksen tulemukseen."
(1 Tess. 5:23)

Teologit ovat jo pitkään kiistelleet ihmisten sisimmästä olemuksesta. Yleensä he uskovat joko kaksi- tai kolmiosaiseen teoriaan. Kaksiosaisen teorian mukaan ihmiset koostuvat kahdesta osasta: hengestä ja sielusta, kun taas kolmiosainen teoria sanoo että ihmiset muodostuvat kolmesta osasta: hengestä, sielusta ja kehosta. Tämä kirja perustuu kolmiosaiseen teoriaan.

Yleensä tietous voidaan jakaa ihmisten tietoisuuteen ja Jumalan tietoisuuteen. On erittäin tärkeää että me löydämme Jumalan tietoutta eläessämme tämän maan päällä. Me voimme elää menestyksekästä elämää ja saada ikuisen elämän kun me ymmärrämme Jumalan sydäntä ja seuraamme Hänen tahtoaan.

Ihmiset on luotu Jumalan kuvaksi ja ilman Jumalaa ihmiset eivät voisi olla olemassa. Ilman Jumalaa ihmiset eivät voi myöskään ymmärtää omaa alkuperäänsä. Me voimme löytää vastauksia ihmisten alkuperään liittyviin kysymyksiin ainoastaan jos me tiedämme kuka Jumala on.

viii

Henki, sielu ja keho kuuluvat siihen maailmaan mitä me emme voi ymmärtää ihmisten tietouden, viisauden tai voiman avulla. Tämä on alue josta yksin ihmisten alkuperän ymmärtävä Jumala voi meille opettaa. Samalla tavalla tietokoneen rakentanut henkilö ymmärtää sen rakenteen ja toiminnot niin että hän on se henkilö joka pystyy ratkaisemaan kaikki tämän tietokoneen toimintoihin liittyvät ongelmat. Tämä kirja on täynnä neljännen ulottuvuuden hengellistä viisautta joka antaa meille selviä vastauksia henkeen, sieluun ja kehoon liittyviin kysymyksiin.

Tämä kirja opettaa lukijoilleen useita asioita. Seuraavat asiat lukeutuvat kirjan opetuksiin:

1. Ihmisen muodostavien hengen, sielun ja kehon hengellisen ymmärryksen kautta lukijat voivat tarkistella itseään ja löytää ymmärrystä omasta elämäänsä.

2. Lukijat voivat saavuttaa täydellisen ymmärryksen siitä keitä he todella ovat ja minkälaisen "minuuden" he ovat luoneet. Tämä kirja näyttää kuinka lukijat voivat julistaa kuten apostoli Paavali jakeessa 1 Kor. 15:31 *"Joka päivä minä olen kuoleman kidassa"* ja saavuttaa pyyhyden ja tulla hengen ihmisiksi kuten Jumala haluaa.

3. Me voimme välttyä tulemasta paholais-vihollisen ja Saatanan sieppaamiksi ja saada voimaa pahuuden lyömiseksi vasta kun me ymmärrämme itseämme. Jeesus sanoi: *"Jos hän sanoo jumaliksi niitä, joille Jumalan sana tuli – ja Raamattu ei voi raueta tyhjiin"* (Joh. 10:35). Tämä kirja näyttää sen lukijoille oikopolun Jumalan jumalallisen luontoon osaaottamiseen ja Jumalan lupaamien siunausten nauttimiseen.

Sisältö

Esipuhe

Hengen, Sielun ja Kehon matkan aloittaminen

Osa 3 Hengen löytäminen

Henki, Sielu ja Keho II
Sisältö

Osa 1 Hengellisen Maailman laaja tila

Capítulo 1 Pimeys ja kirkkaus
Capítulo 2 Kirkkauden tilaan pääsemisen vaatimukset

Osa 2 Henki, Sielu ja Keho Hengellisessä tilassa

Capítulo 1 Eri asuinpaikat
Capítulo 2 Henki, sielu ja Keho hengellisessä tilassa

Osa 3 Ihmisten rajoitusten ylittäminen

Capítulo 1 Jumalan tila
Capítulo 2 Jumalan kuva

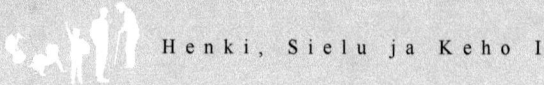 Henki, Sielu ja Keho I

Osa 1

Lihan synty

Mikä on ihmisten alkuperä?
Mistä me tulimme ja mihin me olemme menossa?

Sillä sinä olet luonut minun munaskuuni,
sinä kudoit minut kokoon äitini kohdussa.
Minä kiitän sinua siitä, että olen tehty ylen ihmeellisesti;
ihmeelliset ovat sinun tekosi, sen minun sieluni kyllä tietää.
Minun luuni eivät olleet sinulta salatut,
kun minut salassa valmistettiin,
kun minut taiten tehtiin maan syvyyksissä.
Sinun silmäsi näkivät minut jo idussani.
Minun päiväni olivat määrätyt ja kirjoitetut kaikki sinun kirjaasi,
ennenkuin ainoakaan niistä oli tullut.
- Psalmi 139:13-16

Luku 1
Liha käsitteenä

Takaisin tomuksi palaava ihmisen keho; kaikki ihmisen syömä ruoka;
kaikki mitä ihmiset näkevät, kuulevat ja mistä he nautivat;
kaikki mitä ihmiset tekevät. Nämä ovat kaikki esimerkkejä "lihasta."

Mitä liha on?

Ihmiset ovat arvottomia ja hyödytttömiä jos he pysyvät lihallisina

Kaikilla maailmakaikkeuden asioilla on eri ulottuvuutensa

Ylemmät ulottuvuudet hallitsevat alempia ulottuvuuksia

Koko ihmiskunnan historian ajan ihmiset ovat etsineet vastausta kysymykseen "mitä ihminen on?" Tämän vastaus auttaa meitä vastaamaan sitä seuraaviin kysymyksiin kuten "mitä varten me olemme olemassa?" ja "kuinka meidän tulee elää meidän elämämme?" Ihmisten olemassaoloa on tutkittu, mietitty ja testattu filosofian ja uskonnon aloilla mutta tästä huolimatta näihin kysymyksiin vastaaminen ei ole helppoa.

Ihmiset kuitenkin yrittävät jatkuvasti löytää vastauksia kysymyksiin kuten "Minkälainen olento ihminen on?" ja "Kuka minä olen?" Nämä kysymykset ovat oleellisia sillä niiden vastaukset saattavat olla avain ihmisten olemassaoloon liittyviin kaikkein perimmäisimpiin ongelmiin. Näihin kysymyksiin ei voi saada selvää vastausta maailman tutkimuksista sillä ainoastaan Jumala voi kertoa niihin vastauksen. Jumala loi maailmankaikkeuden ja kaiken siinä olevan. Jumala loi ihmisen ja Hänen vastauksensa on oikea. Me voimme löytää vihjeitä Hänen vastauksistaan Raamatusta joka on Jumalan Sana.

Ihminen jaetaan usein 'henkeen' ja 'kehoon.' Henkeen kuuluu kaikki ihmisessä olevat henkiset asiat kun taas silminnähtävät ja konkreettiset fyysiset osat kuuluvat kehoon. Raamattu kuitenkin

3

jakaa ihmisen kolmeen osaan: henkeen, sieluun sekä kehoon.
1 Tes. 5:23 sanoo: *"Mutta itse rauhan Jumala pyhittäköön teidät kokonansa, ja säilyköön koko teidän henkenne ja sielunne ja ruumiinne nuhteettomana meidän Herramme Jeesuksen Kristuksen tulemukseen."* Henki ja sielu eivät ole sama asia. Kyseessä ei ole pelkästään siitä että niiden nimet olisivat erilaisia sillä ne eroavat toisistaan täydellisesti. Voidaksemme ymmärtää mitä on 'ihminen' meidän pitää ymmärtää mitä keho, sielu ja henki ovat.

Mitä liha on?

Tarkistelkaamme ensiksi kuinka sanakirja määrittelee sanan 'liha.' Merriam-Webster sanakirjan mukaan liha on "eläinten, varsinkin selkäydillisten, kehon pehmeä osa; osat jotka muodostuvat lihaksista eikä sisäelimistä, luista tai muista kudoksista." Liha voi myäs viitata eläimen syömäkelpoisiin osiin. Voidaksemme kuitenkin ymmärtää mitä liha tarkoittaa raamatullisesti meidän pitää ymmärtää sen sanakirjamäärityksen sijaan sen hengellinen määritys.

Raamattu puhuu usein 'ruumiista' ja 'lihasta.' Useimmiten se käyttää niiden hengellistä merkitystä. Hengellisesti liha on yleistermi joka kuvaa asiota jotka pilaantuvat, muuttuvat ja lopulta katoavat aikojen kuluessa. Tämä kuvaa myös asioita jotka ovat saastaisia ja epäpuhtaita. Vihreitä lehtiä kantavat puut muuttuvat lopulta ruskeiksi ja kuiviksi. Puun kuoltua

4

sen rungosta ja oksista tehdään polttopuuta. Aikojen kuluessa niin puut ja kasvit kuin kaikki muutkin elävät asiat kuolevat, maatuvat ja katoavat aikojen kuluessa. Ne ovat kaikki siis lihaa.

Entä siten koko luomakunnan hallitsija, ihminen? Nykyään maailmassa on noin seitsemän miljardia ihmistä. Jopa tälläkin hetkellä maailmaan syntyy jatkuvasti lapsia jossakin päin maailmaa kun taas muualla ihmiset kuolevat. Ihmisten kuollessa heidän ruumiinsa palaavat tomuksi ja niin myös hekin ovat lihaa. Tämä lisäksi meidän syömämme ruoka, puhumamme kielet, ajatuksemme kirjaavat aakkoset sekä kaikki ihmisten tieteelliset ja teknologiset sivilisaatiot ovat lihaa. Täten kaikki mitä me näemme tässä maailmassa ja mitä maailmankaikkeus pitää sisällään on 'lihaa.'

Jumalasta loitontuneet ihmiset ovat lihallisia asioita. Kaikki mitä he luovat ja valmistavat on myös 'lihaa.' Mitä lihalliset ihmiset kehittävät ja etsivät? He kaipaavat ainoastaan lihan himoja, silmien himoja sekä elämän kerskaavaa ylpeyttä. Jopa ihmisten kehittämien sivilisaatioiden tarkoitus on tyydyttää ihmisten viittä aistia. Ihmiset etsivät omaa tyydytystään ja omien halujensa ja himojensa täyttymistä. Aikojen kuluessa ihmiset ovat alkaneet etsiä yhä aistillisempia ja provosoivampia asioita. Mitä enemmän sivilisaatiot kehittyvät sitä himokkaampia ja korruptoituneita ihmisistä tulee.

Näkyvän 'lihan' lisäksi on myös näkymätöntä 'lihaa.' Raamattu sanoo että viha, riitely, kateus, murha, haureus ja kaikki muut syntiin liittyvät piirteet ovat lihaa. Samalla tavalla kuin kukkien tuoksu, ilma sekä tuuli ovat kaikki olemassa mutta silti näkymättömiä niin ovat myös sydämen näkymättömät syntiset piirteet olemassa. Myös kaikki nämä asiat ovat lihaa. Liha on siis yleinen termi joka kuvaa kaikkea maailmankaikkeudessa olevaa mikä pilaantuu ja muuttuu aikojen kuluessa, sekä kaikkia synnin, pahuuden, epähurskauden ja laittomuuden kaltaisia epätotuuksia.

Room. 8:8 sanoo: "...Jotka lihan vallassa ovat, ne eivät voi olla Jumalalle otolliset." Jos 'lihalla' tarkoitettaisiin tässä jakeessa ainoastaan ihmisen fyysistä kehoa ei kukaan voisi koskaan miellyttää Jumalaa. Täten tällä täytyy olla jokin toinen merkitys.

Jeesus sanoi jakeessa Joh. 3:6 näin: "Mikä lihasta on syntynyt, on liha; ja mikä Hengestä on syntynyt, on henki." Jae Joh. 6:63 kuuluu näin: "Henki on se, joka eläväksi tekee; ei liha mitään hyödytä. Ne sanat, jotka minä olen teille puhunut, ovat henki ja ovat elämä." Tässä 'liha' viittaa asioihin jotka katoavat ja muuttuvat. Tämän tähden Jeesus sanoo että se ei hyödytä mitään.

Ihmiset ovat arvottomia ja hyödyttömiä jos he pysyvät lihallisina

Toisin kuin eläimet, ihmiset etsivät tiettyjä arvoja tunteidensa ja ajatustensa perusteella. Nämä arvot eivät ole kuitenkaan ikuisia ja niin nekin kuuluvat lihaan. Kaikki ihmisten arvokkaina pitämät asiat kuten vauraus, maine ja tietous ovat myös merkityksettömiä asioita jotka tulevat pian katoamaan. Entä sitten 'rakkaus?' Kaksi toisiaan tapailevaa ihmistä voi sanoa että he eivät voi elää ilman toisiaan. Moni kuitenkin muuttaa mieltään sen jälkeen kun he ovat menneet naimisiin. He suuttuvat ja turhautuvat helposti, muuttuen joskus jopa väkivaltaiseksi sen tähden että he eivät pidä siitä kuinka jokin asia on. Kaikki nämä tunteiden muutokset ovat lihaa. Lihallisina pysyvät ihmiset eivät eroa paljoakaan eläimistä tai kasveista. Jumalan silmissä kaikki mikä katoaa tai kuolee on lihaa.

1 Piet. 1:24 sanoo: *"Sillä: 'k-aikki liha on kuin ruoho, ja kaikki sen kauneus kuin ruohon kukkanen; ruoho kuivuu, ja kukkanen varisee'"* ja Jaak 4:14 sanoo: *"te, jotka ette tiedä, mitä huomenna tapahtuu; sillä mikä on teidän elämänne? Savu te olette, joka hetkisen näkyy ja sitten haihtuu."*

Ruumis ja kaikki ihmisten ajatukset ovat merkityksettömiä sillä ne ovat loitontuneet Jumalan Sanasta. Kuningas Salomo nautti maan päällä vertaamattoman suuresta kunniasta ja loistosta. Silti hänkin ymmärsi lihan turhuuden, sanoen: *"Turhuuksien turhuus, sanoi saarnaaja, turhuuksien turhuus; kaikki on turhuutta! Mitä hyötyä on ihmiselle kaikesta vaivannäöstänsä, jolla hän vaivaa itseänsä auringon alla?"* (Saarnaaja 1:2-3)

Kaikilla maailmakaikkeuden asioilla on eri ulottuvuutensa

Fysiikassa ja matematiikassa ulottuvuudet määritellään kolmen koordinaatiston avulla jotka määrittelevät asian sijainnin. Suoralla olevalla pisteellä on yksi koordinaatti ja se on yksiulotteinen. Koordinaatistossa olevalla pisteellä voi olla kaksi pistettä mikä tekee siitä kaksiulotteisen. Kolme koordinaattia omaava piste on kolmiulotteinen. Fyysisesti me elämme tilassa joka on kolmiulotteinen. Edistyneempi fysiikka pitää aikaa neljäntenä ulottuvuutena. Tämä on tieteen ymmärryksen raja ulottuvuuksien suhteen.

Hengestä, sielusta ja ruumiista puhuttaessa ulottuvuus voidaan jakaa fyysiseen ulottuvuuteen ja hengelliseen ulottuvuuteen. Fyysinen ulottuvuus jaetaan eri osiin 'epäulottuvuudesta' 'kolmanteen ulottuvuuteen.' Epäulottuvuus viittaa asioihin joissa ei ole elämää. Kivet, maaperä, vesi ja metallit kuuluvat tähän kategoriaan. Kaikki elävät olennot kuuluvat ensimmäiseen, toiseen tai kolmanteen ulottuvuuteen.

Ensimmäinen ulottuvuus viittaa eläviin olentoihin jotka hengittävät mutta jotka eivät voi liikkua ympäriinsä. Tämä ulottuvuus pitää sisällääm ruohot, kukat, puut ja muut kasvit. Nämä kaikki omaavat kyllä kehon mutta niillä ei ole sielua tai henkeä.

Toinen ulottuvuus pitää sisällään eläviä olentoja jotka hengittävät,

pystyvät liikkumaan ja omaavat sekä ruumiin että sielun. Näihin
kuuluvat leijonien, lehmien ja lampaiden kaltaiset eläimet sekä linnut,
kalat ja hyönteiset. Koirat pystyvät tunnistamaan isäntänsä ja haukkua
sillä ne omaavat sielun.

Kolmas ulottuvuus pitää sisällään hengittäviä, liikkuvia sekä
hengen ja sielun omaavia, fyysisen kehon omaavia olentoja. Tämä
viittaa koko luomakunnan luojaksi luotuun ihmiseen. Toisin kuin
eläimet, ihmiset omaavat hengen. He pystyvät ajattelemaan ja
etsimään Jumalaa ja he voivat uskoa Jumalaan.

On olemassa myös neljäs ulottuvuus joka on näkymätön meidän
silmillemme. Jumala, joka on henki, sekä taivaalliset isännät, enkelit ja
kerubit kuuluvat kaikki tähän hengelliseen ulottuvuuteen..

Ylemmät ulottuvuudet hallitsevat alempia ulottuvuuksia

Toiseen ulottuvuuteen kuuluvat olennot voivat alistaa ja
hallita ensimmäiseen ulottuvuuteen kuuluvia asioita. Kolmannen
ulottuvuuden olennot pystyvät alistamaan ja hallitsemaan
toisen ulottuvuuden olentoja. Alemman ulottuvuuden asiat tai
olennot eivät pysty ymmärtämään korkeamman ulottuvuuden
olentoja. Ensimmäisen ulottuvuuden asiat eivät ymmärrä toisen
ulottuvuuden elämänmuotoja ja toisen ulottuvuuden olennot eivät
ymmärrä kolmannen ulottuvuuden elämänmuotoja. Kuvittele,
esimerkiksi, että tietty henkilö kylvää tietynlaisia siemeniä maahan,

kastelee niitä ja huolehtii niistä. Siemenen versotessa se kasvaa puuksi ja alkaa kantaa hedelmää. Tämä siemen ei kuitenkaan ymmärrä mitä mies on sen puolesta tehnyt. Edes ihmisten tallaamat ja tappamat madot eivät ymmärrä miksi näin on tapahtunut. Ylemmän ulottuvuuden olennot voivat hallita alemman ulottuvuuden olentoja mutta yleisesti ottaen näillä alemman ulottuvuuksien olennoilla ei ole muuta vaihtoehtoa kuin olla ylempien olentojen vallassa.

Samalla tavalla kolmanteen ulottuvuuteen kuuluvat ihmiset eivät ymmärrä hengellistä maailmaa joka kuuluu neljänteen ulottuvuuteen. Joten lihalliset ihmiset eivät voi tehdä mitään alistaville ja hallitseville demoneille. Me voimme kuitenkin liittyä neljänteen ulottuvuuteen jos me heitämme syntimme pois ja tulemme hengen ihmisiksi. Näin me voimme alistaa ja voittaa pahat henget.

Jumala on henki ja Hän haluaa lastensa ymmärtävät neliulotteista maailmaa. Tällä tavalla nämä lapset ymmärtävät myös Jumalaa, ovat Hänelle kuuliaisia ja pääsevät taivaaseen. Genesiksen ensimmäisessä luvussa Aatami alisti ja hallitsi koko maailmaa ennen kuin hän söi hyvän- ja pahantiedon puusta. Yhdessä vaiheessa Aatami oli elävä henki ja hän kuului itsekin neljänteen ulottuvuuteen. Hänen tehtyä syntiä hänen sielunsa kuitenkin kuoli. Aatamin lisäksi myös hänen jälkeläisensä kuuluivat nyt kolmanteen ulottuvuuteen. Katsokaamme seuraavaksi kuinka Jumalan luomat ihmiset lankesivat kolmanteen ulottuvuuteen ja kuinka he voivat palata takaisin neljänteen ulottuvuuteen.

Luku 2

Luominen

Luojalla oli ihmeellinen suunnitelma ihmisten jalostuksen suhteen.
Hän erotti Jumalan tilan fyysiseen ja hengelliseen tilaan
ja Hän loi taivaan ja maat sekä kaiken niissä olevan.

1. Tilojen erotus toisistaan

2. Fyysinen tila ja hengellinen tila

3. Hengen, sielun ja kehon ihminen

Jumala oli olemassa yksin jo ennen aikojen alkua. Hän oli olemassa Kirkkautena ja Hän hallitsi kaikkea liikkuen halki laajan maailmankaikkeuden. 1 Joh. 1:5 kertoo että Jumala on Kirkkaus. Tämä viittaa ensisijaisesti hengelliseen kirkkauteen mutta myös alussa Kirkkautena olleeseen Jumalaan. Kukaan ei synnyttänyt Jumalaa. Hän on täydellinen olento. Meidän ei tämän takia pidä yrittää ymmärtää Häntä rajoitetun tietoutemme ja ymmärryksemme avulla. Joh. 1.1 pitää sisällään 'alun' salaisuuden. Ja sanoo *"Alussa oli Sana."* Tämä selitys koskettaa Jumalan muotoa Sana oli ihmeellisenä ja kauniina kirkkautena halliten kaikkia maailmankaikkeuden tiloja.

Tässä 'alku' viittaa erääseen ikuisuuden ajankohtaan, hetkeen jota ihmiset eivät voi ymmärtää. Tämä ajankohta oli jopa ennen Geneksiksen ensimmäisen luvun ensimmäisen jakeen 'alkua.' Minkälaisia asioita sitten ennen maailman luomista oikein tapahtui?

1. Tilojen erotus toisistaan

Hengellinen maailma ei ole kaukana. Taivaalla on portteja jotka aukeavat hengelliseen maailmaan.

Erittäin pitkän ajan kuluttua Jumala halusi jonkun jonka kanssa jakaa rakkauttaan sekä muita kokemuksia. Jumala on sekä inhimillinen että yliluonnollinen ja Hän halusi jakaa kaikkensa sen sijaan että Hän olisi nauttinut siitä yksin. Tämä mielessään Hän loi suunnitelman ihmisten jalostuksesta. Tähän suunnitelmaan kuului ihmisten luominen sekä heidän siunaaminen niin että he lisääntyisivät ja antaisivat Jumalalle lukemattomia Hänen kaltaisiaan sieluja jotka Hän voisi kerätä taivaaseen. Samalla tavalla maanviljelijät kasvattavat ja korjaavat satoja ja sitten varastoivat ne aittoihinsa.

Jumala tiesi että Hän tarvitsi hengellisen tilan missä Hän voisi itse asua sekä fyysisen tilan missä Hän voisi jalostaa ihmiskuntaa. Hän erotti laajan maailmankaikkeuden hengelliseen maailmaan sekä fyysiseen maailmaan. Tuosta hetkestä alkaen Jumalasta tuli Kolmiyhteinen Jumala, eli Isä, Poika ja Pyhä Henki. Tämä johtui siitä että ihmisten jalostuksen tähden tulevaisuudessa suunnitelmaan kuului sekä Jeesus että Pyhä Henki.

Ilmestyskirja 22:13 sanoo: *"Minä olen A ja O, ensimmäinen ja viimeinen, alku ja loppu."* On sanottu että Jumala on kolmiyhteinen. A ja O viittaa Isä Jumalaan joka on kaiken tietouden ja ihmiskunnan alku ja loppu. Ensimmäinen ja

14

viimeinen viittaa Poikaan, Jeesukseen, joka on ihmiskunnan pelastuksen ensimmäinen ja viimeinen. Alku ja loppu viittaa Pyhään Henkeen joka on ihmiskunnan jalostuksen alku ja loppu.

Poika Jeesus täyttää Pelastajan velvollisuuden. Pyhän Henki todistaa Pelastajana Auttajana ja Hän täydentää ihmiskunnan pelastuksen. Raamattu puhuu Pyhästä Hengestä usealla eri tavalla verraten Häntä kyyhkyseen ja tuleen. Häntä verrataan myös Jumalan Pojan Hengeksi. Galatalaiskirje 4:6 sanoo: *"Ja koska te olette lapsia, on Jumala lähettänyt meidän sydämeemme Poikansa Hengen, joka huutaa: 'Abba! Isä!'"* Joh. 15:26 sanoo: *"Mutta kun Puolustaja tulee, jonka minä lähetän teille Isän tyköä, totuuden Henki, joka lähtee Isän tyköä, niin hän on todistava minusta."*

Isä Jumala, Poika ja Pyhä Henki ottivat tietyn muodon täyttääkseen ihmiskunnan jalostuksen suunnitelman ja he keskustelivat tästä suunnitelmasta keskenään. Tämä näkyy useissa Genesiksen ensimmäisen luvun luomisesta kertovissa kohdissa.

Genesis 1:26 sanoo: *"Ja Jumala sanoi: 'Tehkäämme ihminen kuvaksemme, kaltaiseksemme.'"* Tämä ei kuitenkaan tarkoita että ihmiset olisi luotu ulkoisesti Jumalan, Pojan ja Pyhän Hengen kuviksi. Tämä tarkoittaa sitä että henki, ihmisten perusta, on Jumalan antama ja että tämä henki muistuttaa pyhää Jumalaa.

Fyysinen maailma ja hengellinen maailma

Ollessaan yksin olemassa Jumalan ei tarvinnut tehdä eroa fyysisen ja hengellisen maailman välille. Ihmisten jalostuksessa tarvittiin kuitenkin fyysinen maailma missä ihmiset voisivat elää. Tästä syystä Jumala erotti fyysisen maailman hengellisestä maailmasta.

Hengellisen ja fyysisen maailman erottaminen toisistaan ei kuitenkaan tarkoita sitä että ne olisi erotettu kahdeksi erilliseksi osaksi samalla tavalla kuin me leikkaamme jotakin kahtia. Kuvittele esimerkiksi että on huoneessa on kahdenlaista kaasua. Me lisäämme huoneeseen kemikaalia joka saa toisen kaasun näkymään punaisena. Näin me voimme erottaa tämän kaasun. Huoneessa voi olla kahdenlaista kaasua mutta me voimme kuitenkin nähdä ainoastaan sen joka näkyy nyt punaisena. Vaikka tämä toinen kaasu ei ole näkyvää, on sitäkin kuitenkin varmasti huoneessa.

Samalla tavalla Jumala erotti laajan hengellisen tilan näkyvään fyysiseen maailmaan ja näkymättömään hengelliseen maailmaan. Tietenkään nämä kaksi maailmaa eivät ole olemassa kuin kaksi esimerkin kaasua. Ne ovat toisistaan erillään mutta silti toistensa kanssa päällekkäin.

Jumala on asettanut eri puolelle maailmankaikkeutta portteja tähän hengelliseen maailmaan todisteeksi siitä että fyysinen ja hengellinen maailma ovat toisistaan erillisiä ja mysteerisiä. Hengellinen maailma ei siis ole kaukana tästä meidän maailmastamme. Useassa kohtaa meidän taivastamme sijaitsee portti hengelliseen maailmaan. Joissakin tapauksissa me voimme nähdä hengellisen maailman näiden porttien kautta jos Jumala avaa meidän hengelliset silmämme.

Stefanus saattoi nähdä Jeesuksen seisovan Jumalan oikealla puolella ollessaan täynnä henkeä sen ansiosta että sekä hänen hengelliset silmänsä että portti taivaalliseen maailmaan olivat avoinna (Ap.t. 7:55-56). Elia temmattiin taivaaseen ilman että hänen tarvitsi kokea kuolemaa. Ylösnoussut Herra nousi taivaaseen. Mooses ja Elia ilmestyivät Ilmestyvuorella. Me näemme että nämä esimerkit ovat todellisia tapahtumia jos me myönnämme että portit taivaalliseen maailmaan ovat olemassa.

Maailmankaikkeus on mittaamattoman laaja ja mahdollisesti ääretön tilavuudeltaan. Maasta näkyvä osa (näkyvä osa maailmankaikkeutta) on läpimitaltaan noin 46 miljardia valovuotta.[1] Jopa kaikkein nopeimman avaruusaluksen avulla hengelliseen maailmaan matkaaminen kestäisi ikuisuuden ajan jos tämä hengellinen maailma sijaitsisi meidän maailmankaikkeutemme toisella puolella. Voitko sinä myöskään kuvitella kuinka pitkän matkan enkelien pitäisi matkustaa niiden liikkuessa hengellisen ja fyysisen maailman välillä? Näiden

---

[1]Lineweaver, Charles; Tamara M. Davis (2005). "Misconceptions about the Big Bang." Scientific American. noudettu 2007-03-05.

hengelliseen maailmaan johtavien porttien avulla hengellisen ja fyysisen maailman välillä matkustaminen on yhtä helppoa kuin oven läpi kulkeminen.

Jumala loi neljä taivasta

Jumala erotti maailmankaikkeuden hengelliseen ja fyysiseen maailmaan ja erotteli ne sitten yhä pienempiin osiin tarpeidensa mukaisesti. Raamattu sanoo että yhden taivaan sijasta on olemassa useita taivaita. Tämä kertoo meille että meidän omin silminemme nähtävän taivaan lisäksi on myös monia muita taivaita.

5. Moos. 10:14 sanoo: *"Katso, taivaat ja taivasten taivaat, maa ja kaikki, mitä siinä on, ovat Herran, sinun Jumalasi."* Psalmi 68:33 sanoo: *"Hänen, joka kiitää ikuisten taivasten taivaissa! Katso, hän antaa äänellänsä väkevän jylinän."* Kuningas Salomon sanoi jakeessa 1 Kun. 8:27 näin: *"Mutta asuuko todella Jumala maan päällä? Katso, taivaisiin ja taivasten taivaisiin sinä et mahdu; kuinka sitten tähän temppeliin, jonka minä olen rakentanut!"*

Jumala käytti sanaa 'taivas' viitatessaan hengelliseen maailmaan niin että me voisimme ymmärtää paremmin hengelliseen taivaaseen kuuluvia tiloja. Nämä 'taivaat' voidaan jakaa neljään kategoriaan. Koko fyysinen tila meidän maamme, aurinkokuntamme, galaksimme ja koko maailmankaikkeus mukaanlukien lukeutuu ensimmäiseen taivaaseen.

Toisesta taivaasta alkaen taivaat ovat hengellisiä paikkoja.

Eedenin puutarha sekä pahojen henkien paikka ovat toisessa taivaassa. Jumalan luotua ihmiset Hän loi myös Eedenin puutarhan joka sijaitsee toisen taivaan kirkkauden osassa. Jumala johdatti ihmiset Eedenin puutarhaan ja salli hänen alistaa ja hallita kaikkea (Genesis 2:15).

Jumalan valtaistuin sijaitsee kolmannessa taivaassa. Tämä on taivaan kuningaskunta missä ihmiskunnan jalostuksen kautta pelastuneet Jumalan lapset tulevat asumaan.

Neljäs taivas on alkuperäinen taivas missä Jumala oli olemassa kirkkautena ennen kuin Hän erotti tilat toisistaan. Tämä on salaperäinen paikka mikä on täynnä sitä mitä Jumala kulloinkin pitää mielessään. Tämä paikka on myös täysin ajan ja paikan rajoitusten ulottumattomissa.

2. Fyysinen tila ja hengellinen tila

Mikä selittää sen että niin monet raamatuntutkijat ovat yrittäneet löytää Eedenin puutarhan tässä kuitenkaan onnistumatta? Tämä johtuu siitä että Eedenin puutarha sijaitsee toisessa taivaassa mikä on osa hengellistä maailmaa.

Jumalan erottama tila voidaan jakaa fyysiseen tilaan ja hengelliseen tilaan. Jumala valmisti taivaan kuningaskunnan kolmanteen taivaaseen ihmiskunnan jalostuksen kautta saamilleen lapsilleen ja Hän asetti ensimmäisen taivaan ihmiskunnan jalostuksen tapahtumapaikaksi.

Genesiksen ensimmäinen luku kertoo lyhyesti kuinka Jumala loi maailman kuudessa päivässä. Jumala ei tehnyt maailmasta täydellistä ja valmista heti alussa. Ensin Hän loi perustan maahan ja sitten taivaan mannerten liikkeiden ja meterologisten ilmiöiden kautta. Jumala näki paljon vaivaa pitkän ajan ajan, tullen joskus henkilökohtaisesti maahan nähdäkseen kuinka asiat edistyivät sillä tämä maapallo tulisi olemaan se paikka minkä kautta Hän löytäisi itselleen rakkaita ja uskollisia lapsia.

Sikiöt kasvavat kohdun turvallisessa lapsivedessä. Samalla tavalla koko maapallo peittyi vedellä sen jälkeen sen perusteet oli luotu ja sen pinta muodostettu. Tämä vesi oli kolmannesta taivaasta peräisin oleva elämän vesi. Maapallo oli lopulta valmis kaiken elävän kotina sen jälkeen kun se oli peittynyt elämän vedellä. Tämän jälkeen Jumala aloitti luomistyönsä.

Fyysinen tila, ihmiskunnan jalostuksen tapahtumapaikka

Luomisen ensimmäisenä päivänä Jumala sanoi "Tulkoon valkeus" ja hengellinen kirkkaus loisti Hänen valtaistuimeltaan ja peitti koko maan. Tällä kirkkaudella Jumalan ikuinen voima ja yliluonnollinen henki kosketti kaikkea ja kaikki asiat olivat luonnonlakien varassa (Room. 1:20).

Jumala erotti kirkkauden pimeydestä ja kutsui kirkkautta päiväksi ja pimeyttä yöksi. Jumala asetti lain jonka mukaan päivä seuraisi yötä ja aika kulkisi kulkuaan jo ennen kuin Hän oli luonut aurinkoa tai kuuta.

Toisena päivänä Jumala loi lakeuden ja antoi sen jakaa maata peittävät vedet sen alla oleviin vesiin ja sen yllä oleviin vesiin. Jumala kutsui näitä vesiä taivaaksi, mikä viittaa meidänkin silmillämme nähtävään taivaankanteen. Tällä tavalla Jumala oli valmistanut puitteet jotka saattoivat ylläpitää elämää. Ilma oli valmiina olentojen hengitettäväksi ja pilvet ja taivas olivat valmiita meteorologisia ilmiöitä varten.

Lakeuden alla olevat vedet ovat maan päälle jääneitä vesistöjä. Näistä vesistä muodostuivat maailman valtameret, järvet ja joet (Genesis 1:9-10).

Lakeuden yllä olevat vedet varattiin toisen taivaan Edeniä varten. Kolmantena päivänä Jumala antoi vesien kokoontua yhteen paikkaan erottaakseen meret maasta. Hän myös loi ruohot ja vihannekset.

Neljäntenä päivänä Jumala loi auringon, kuun sekä tähdet ja antoi niiden hallita päivää ja yötä. Viidentenä päivänä Hän loi kalat ja linnut. Kuudentena päivänä Jumala loi kaikki eläimet sekä ihmisen.

Näkymätön hengellinen tila

Eedenin puutarha on toisen taivaan hengellisessä maailmassa joka kuitenkin eroaa hengellisen maailman kolmannesta taivaasta. Kyseessä ei ole täysin hengellisestä maailmasta sillä se voi olla olemassa samaan aikaan fyysisen ulottuvuuden kanssa. Yksinkertaisesti sanottuna se on kuin välivaihe lihan ja hengen välillä. Jumalan luotua ihmisen hengeksi Hän istutti puutarhan itään Eedeniin ja asetti sinne ihmisen (Genesis 2:8).

Tässä 'itä' ei viittaa fyysiseen ilmansuuntaan. Tässä itä tarkoittaa kirkkauden ympäröivää aluetta. Useat raamatuntutkijat ovat luulleet että Eedenin puutarha olisi ollut Eufrates- tai Tigris-jokien ympäristössä. Kukaan ei ole kuitenkaan pystynyt löytämään tästä puutarhasta pienintäkään jälkeä siitä huolimatta että asiaa on tutkittu perusteellisesti ja alueella on järjestetty useita arkeologisia kaivauksia. Tämä kaikki johtuu siitä että puutarha jossa Aatami, elävä henki, kerran eli, sijaitsee toisessa taivaassa mikä kuuluu hengelliseen maailmaan.

Eedenin puutarha on niin laaja että me emme pysty edes kuvittelemaan sen kokoa. Ne Aatamin lapset jotka syntyivät ennen hänen syntiinlankeamustaan asuvat siellä yhä, synnyttäen jatkuvasti yhä lisää lapsia. Eedenin puutarha ei ole tilan rajoittama ja niin se ei tule koskaan olemaan ahdas edes aikojen kuluessa.

Genesis 3:24 kuitenkin kertoo kuinka Jumala asetti kerubeja sekä joka suuntaan kääntyvän miekan Eedenin puutarhasta itään.

Tämä johtui siitä että Eedenin itäpuoli on pimeyden alueen vierellä. Pahat henget ovat halunneet aina päästä Eedenin puutarhaan useasta syystä. Ensinnäkin, ne halusivat kiusata Aatamia ja toisekseen ne halusivat hyvän-ja pahantiedon puun. Ne halusivat saada ikuisen elämän syömällä puun hedelmää niin että ne voisivat vastustaa Jumalaa ikuisesti. Aatamilla oli velvollisuus puolustaa Eedenin puutarhaa pimeyden voimia vastaan. Saatana sai kuitenkin huijattua Aatamin syömään hyvän-ja pahantiedon puusta ja niin hänet ajettiin ulos tähän maailmaan ja leimuava miekka ja kerubi ottivat vastuun puutarhan puolustamisesta.

Me voimme päätellä tästä että kirkkauden alue missä Eedenin puutarha sijaitsee sekä pimeyden alue missä pahat henget asuvat sijaitsevat molemmat toisessa taivaassa. Lisäksi toisen taivaan kirkkauden alueella on paikka missä uskovat tulevat ottamaan osaa Seitsenvuotiseen hääjuhlaan Herran kanssa Hänen toisen tulemisensa jälkeen. Tämä on paljon Eedenin puutarhaa kauniimpi paikka. Kaikki luomisesta lähtien pelastuneet tulevat ottamaan osaa tähän juhlaan ja me voimme vain kuvitella kuinka laaja tämä alue tulee olemaan.

Hengellisessä maailmassa on myös kolmas ja neljäs taivas. Me puhumme näistä yksityisohtaisemmin *Henki, Sielu ja Keho*-teoksen toisessa osassa. Jumala kuitenkin erotti fyysisen tilan hengellisestä tilasta ja jakoi tämän useaan eri tilaan ihmisten tähden. Tämä tehtiin ihmisten jalostuksen suunnitelman tähden jonka avulla Hän voisi saada uskollisia lapsia. Mistä ihminen sitten muodostuu ja kuinka tämä tapahtuu?

3. Hengen, sielun ja kehon ihminen

Raamattuun kirjattu ihmiskunnan historia alkoi kun Aatami ajettiin tähän maailmaan hänen syntiensä tähden. Tämä historia ei pidä sisällään sitä aikaa jolloin Aatami eli vielä Eedenin puutarhassa.

1) Aatami, elävä henki

Ensimmäisen ihmisen, Aatamin, ymmärtäminen auttaa meitä ymmärtämään ihmisen perusluonnetta. Jumala loi Aatamin eläväksi hengeksi ihmiskunnan jalostusta varten. Genesis 2:7 puhuu Aatamin luomisesta: *"Silloin Herra Jumala teki maan tomusta ihmisen ja puhalsi hänen sieramiinsa elämän hengen, ja niin ihmisestä tuli elävä sielu."* Jumala valitsi Aatamin luomismateriaaliksi maan tomun. Tämä johtui siitä että ihmiset tulisivat kokemaan ihmiskunnan jalostuksen maan päällä (Genesis 3:23).

Tämä johtuu myös siitä että maaperä, eli maan tomu, muuttaa olomuotoaan sen mukaan mitä aineksia siihen lisätään.

Jumala ei luonut ainoastaan ihmisen muotoa maan tomusta vaan myös sisäelimet, luut, verisuonet ja hermot. Taitava savenvalaja voi tehdä arvokkaan posliiniastian kourallisesta savea. Kuinka kaunis ihminen onkaan ollut kun hänet kerran luotiin Jumalan kuvaksi!

Aatamille annettiin maidonvalkea iho. Hän oli

voimakasrakenteinen ja hänen ruumiinsa oli täydellinen aina päästä varpaisiin saakka, kuten olivat myös hänen elimensä ja kaikki hänen solunsa. Aatami oli kaunis. Aatamista tuli elävä olento, elävä henki, kun Jumala puhalsi häneen elämän hengen. Tämä prosessi on samankaltainen kuin hehkulamppu joka ei voi loistaa itsekseen. Se voi loistaa ainostaan kun sillä on sähköä virrakseen. Aatamin sydän alkoi lyödä, hänen verensä alkoi kiertämään ja kaikki hänen elimensä ja solunsa alkoivat toimia vasta sitten kun hän oli saanut elämän henkäyksen osakseen Jumalalta. Hänen aivonsa alkoivat toimia, hänen silmänsä nähdä, hänen korvansa kuulla ja hänen kehonsa liikkua hänen tahtonsa mukaisesti vasta sitten kun hän sai elämän henkäyksen Jumalalta.

Elämän henkäys on Jumalan voimien kristalli. Tätä kutsutaan myös Jumalan energiaksi. Tämä on elämän jatkamisen voiman lähde. Tämän Jumalan henkäyksen jälkeen Aatami sai osakseen hengen joka näytti samalta kuin hänen kehonsa. Aatami omasi fyysisen kehon ja samalla tavalla hänen henkensä omasi muodon joka näytti aivan hänen fyysiseltä keholtaan. Me puhumme tästä hengen muodosta tarkemmin tämän kirjan toisesa osassa.

Aatami oli nyt elävä henki ja häneen ruumiinsa muodostui katoamattomasta lihasta ja luusta. Tämä keho piti sisällään hengen joka kommunikoi Jumalan kanssa sekä sielun joka tulisi avustamaan tätä sielua. Sielu ja keho olivat sielulle kuuliaisia ja tällä tavalla Aatami piti Jumalan sanan ja kommunikoi Jumalan, toisen hengen, kanssa.

Luomisensa hetkellä Aatami omasi täysikasvuisen aikuisen kehon mutta hän ei kuitenkaan omannut lainkaan tietoutta. Myös hänen piti saada opetusta oppiakseen tietoutta aivan kuten vauvat jotka voivat kehittää luonteenpiirteitään ja tulla hyväksi yhteiskunnan jäseneksi ainoastaan koulutuksen kautta. Joten johdatettuaan Aatamiin Eedenin puutarhaan Jumala opetti Aatamille hengen tietoutta ja totuutta. Jumala opetti hänelle kaiken maailmankaikkeudessa olevan harmoniaa sekä hengellisen maailman lakeja ja Jumalan rajatonta tietoutta. Tämän tähden Aatami saattoi alistaa maapallon ja hallita kaikkea siinä olevaa.

Mittaamattoman ajan verran eläminen

Aatami, elävä henki, hallitsi Eedenin puutarhaa ja maata kaikkien luotujen olentojen herrana omaten hengen tietouden ja viisauden. Jumalan mielestä ei ollut hyvä että Aatami oli yksin ja niin Hän loi naisen, Eevan, tämän kylkiluusta. Jumala teki Eevasta Aatamille sopivan ja antoi heidän tulla yhdeksi. Kysymys kuitenkin kuuluu, kuinka kauan aikaa he elivät yhdessä Eedenin puutarhassa?

Raamattu ei kerro tarkkoja vuosilukuja mutta he elivät siellä käsittämättömän kauan aikaa. Genesis 3:16 sanoo: *"Ja vaimolle hän sanoi: 'Minä teen suuriksi sinun raskautesi vaivat, kivulla sinun pitää synnyttämän lapsia; mutta mieheesi on sinun halusi oleva, ja hän on sinua vallitseva.'"*

Eevan tuli kirotuksi tekemiensä syntien tähden ja tämä lisäsi hänen synnytystuskiensa määrää suuresti. Toisin sanoen hän oli kokenut vain vähäisiä synnytyskipuja synnyttäessään lapsia Eedenin puutarhassa. Aatami ja Eeva olivat eläviä henkiä jotka eivät ikääntyneet. He siis elivät erittäin kauan aikaa saaden aina lisää lapsia.

Monet luulevat että Aatami söi hyvän-ja pahantiedon puusta pian sen jälkeen kun hänet oli luotu. Jotkut jopa kysyvät: "Kuinka on mahdollista että on olemassa satoja tuhansia vuosia vanhoja fossiileita kun kerran Raamattuun kirjattu ihmiskunnan historia on vain 6000 vuotta vanha?"

Raamattuun kirjattu ihmiskunnan historia alkoi siitä kun Aatami ajettiin tähän maailmaan hänen tehtyä syntiä. Se ei kuitenkaan pidä sisällään sitä ajanjaksoa jolloin hän eli Eedenin puutarhassa. Aatamin eläessä Eedenin puutarhassa meidän maapallomme koki suuria muutoksia kuten mannerlaattojen liikkumisia ja niiden aiheuttamia maantieteellisiä muutoksia. Tänä aikana useat olennot myös syntyivät ja kuolivat sukupuuttoon. Osa näistä olennoista fossilisoitui, ja tästä syystä me voimme löytää fossiileita jotka ovat miljoonia vuosia vanhoja.

2) Aatami teki syntiä

Jumala kielsi Aatamilta yhden asian johdattaessaan hänet Eedenin puutarhaan. Jumala sanoi että Aatami ei saanut syödä hyvän-ja pahantiedon puusta. Pitkän ajan kuluttua Aatami ja

28

Eeva kuitenkin söivät tästä puusta. Heidät ajettiin ulos Eedenin puutarhasta tähän maahan ja tästä alkoi ihmiskunnan jalostuksen historia.

Miksi Aatami sitten teki syntiä? Eräs olento himoitsi Jumalan Aatamille antamaa suurta valtaa. Tämä olento oli Lusifer, kaikkien pahojen henkien hallitsija. Lusifer halusi Aatamin vallan itselleen voidakseen taistella Jumalaa vastaan. Se punoi monimutkaisen juonen ja käytti kavalaa käärmettä apunaan. Genesis 3:1 sanoo: *"Mutta käärme oli kavalin kaikista kedon eläimistä, jotka Herra Jumala oli tehnyt."* Käärme oli siis tehty maan tomusta ja se oli luonteeltaan kavala.

Tämän kavaluuden tähden oli todennäköisempää että käärme suhtautuisi pahuuteen myötämielisesti. Pahat henget käyttivät käärmeen luonteenpiirteitä hyväkseen ja niin siitä tuli instrumentti jonka avulla ihmistä kiusattiin.

Pahat henget kiusaavat ihmisiä

Tuohon aikaa Aatami omasi niin paljon valtaa että hän hallitsi sekä Eedenin puutarhaa että maata. Pahojen henkien ei siis ollut helppoa kiusata häntä suoraan. Tämän tähden ne päättivät sen sijaan kiusata ensin Eevaa. Käärme kysyi häneltä viekkaasti: *"Onko Jumala todellakin sanonut: 'Älkää syökö kaikista paratiisin puista?'"* Jumala ei koskaan käskenyt Eevaa. Tämä käsky oli annettu Aatamille. Käärme kuitenkin puhui kuin tämä käsky olisi annettu suoraan Eevalle. Eeva vastasi tähän sanomalla: *"Niin vaimo vastasi käärmeelle: 'Me saamme syödä muiden puiden hedelmiä paratiisissa, mutta sen puun hedelmästä, joka on keskellä paratiisia, on Jumala sanonut: Älkää syökö siitä älkääkä koskeko siihen, ettette kuolisi'"* (Genesis 3:2-3).

Jumala sanoi: *"Mutta hyvän-ja pahantiedon puusta älä syö, sillä sinä päivänä, jona sinä siitä syöt, pitää sinun kuolemalla kuoleman"* (Genesis 2:17). Eeva kuitenkin sanoi "ettette kuolisi." Sinä voit luulla että näiden välinen ero on erittäin vähäinen mutta tämä todistaa että Eeva ei pitänyt Jumalan sanaa sydämessään tarkasti. Tämä ilmaus myös kertoo että Eeva ei uskonut täysin Jumalan Sanaan. Käärmeen nähdessä että Eeva muutti Jumalan sanaa se alkoi kiusata häntä yhä agressiivisemmin.

Genesis 3:4-5 sanoo: *"Niin käärme sanoi vaimolle: 'Ette suinkaan kuole; vaan Jumala tietää, että sinä päivänä, jona te siitä syötte, aukenevat teidän silmänne, ja te tulette niinkuin Jumala tietämään hyvän ja pahan.'"*

Saatanan yllyttäessä käärmettä istuttamaan himon Eevan sydämeen hyvän- ja pahantiedon puu alkoi näyttää Eevan silmissä erilaiselta. Genesis 3:6 sanoo: *"Ja vaimo näki, että siitä puusta oli hyvä syödä ja että se oli ihana katsella ja suloinen puu antamaan ymmärrystä; ja hän otti sen hedelmästä ja söi ja antoi myös miehellensä, joka oli hänen kanssansa, ja hänkin söi."*

Eevalla ei ollut mitään aikomuksia niskoitella Jumalan Sanaa vastaan mutta halun herättyä hänessä hän lopulta söi puun hedelmää. Hän antoi tämän hedelmän Aatamille ja myös hän söi siitä.

Aatamin ja Eevan puolustukset

Genesiksen jakeessa 3:11 Jumala kysyy Aatamilta näin: *"Kuka sinulle ilmoitti, että olet alasti? Etkö syönyt siitä puusta, josta minä kielsin sinua syömästä?"* Jumala tiesi mitä oli tapahtunut mutta Hän halusi Aatamin ymmärtävän virheensä ja katuvansa. Aatami kuitenkin vastasi: *"Vaimo, jonka annoit olemaan minun kanssani, antoi minulle siitä puusta, ja minä söin"* (jae 12). Aatami siis vihjasi että jos Jumala ei olisi antanut hänelle vaimoa niin hän ei olisi tehnyt tätä tekoa. Sen sijaan että Aatami olisi tunnustanut virheensä hän vain halusi välttää sen seuraamukset. Oli tietenkin totta että Eeva oli antanut Aatamille tämän hedelmän. Aatami oli kuitenkin Eevan perheenpää ja niin hänen olisi pitänyt ottaa vastuu tapahtuneesta.

Seuraavaksi Jumala kysyi naiselta Genesiksen jakeessa 3:12 näin: *"Mitäs olet tehnyt?"* Vaikka Aatami olisikin ottanut tapahtuneesta vastuun ei Eevaa voitu vapauttaa hänen tekemästään synnistä. Mutta myös Eeva yritti syyttää käärmettä, sanoen: *"Käärme petti minut, ja minä söin."* Mitä sitten tapahtui näitä syntejä tehneille Aatamille ja Eevalle?

Aatamin henki kuoli

Genesis 2:17 sanoo: *"Mutta hyvän-ja pahantiedon puusta älä syö, sillä sinä päivänä, jona sinä siitä syöt, pitää sinun kuolemalla kuoleman."* Tässä Jumalan mainitsema 'kuoleminen' ei tarkoita fyysistä kuolemaan vaan hengellistä sellaista. Hengen kuoleminen ei tarkoita että tämä henki katoaisi jollakin tavalla vaan se tarkoittaa sitä että henki ei voi enää toimia koska se ei pysty kommunikoimaan Jumalan kanssa. Henki on yhä olemassa mutta se ei voi enää vastaanottaa hengellisia asioita Jumalalta. Tämä tilanne ei eroa paljoakaan kuolemasta.

Aatamin ja Eevan henkien kuoltua Jumala ei voinut enää sallia heidän pysyvän Eedenin puutarhassa joka oli osa hengellistä maailmaa. Genesis 3:22-23 sanoo: *"Ja Herra Jumala sanoi: 'Katso, ihminen on tullut sellaiseksi kuin joku meistä, niin että hän tietää hyvän ja pahan. Kun ei hän nyt vain ojentaisi kättänsä ja ottaisi myös elämän puusta ja söisi ja eläisi iankaikkisesti!' Niin Herra Jumala ajoi hänet pois Eedenin paratiisista viljelemään maata, josta hän oli otettu."*

Jumala sanoi, että "ihminen on tullut sellaiseksi kuin joku meistä." Tämä ei kuitenkaan tarkoita sitä että Aatamista olisi tullut Jumalan kaltainen. Tämä tarkoittaa sitä että Aatami oli aikaisemmin tuntenut totuuden mutta kuten Jumala joka tunsi sekä totuuden että epätotuuden, niin myös Aatami oppi nyt epätotuudesta. Tämän johdosta Aatami joka oli aikaisemmin

32

ollut elävä henki muuttui nyt lihaksi. Lihan ihminen ei voi elää
hengellisesä paikassa. Lisäksi Aatami tulisi elämään ikuisesti jos
hän söisi hyvän- ja pahantiedon puusta. Tämän tähden Jumala ei
voinut sallia Aatamin elävän Eedenin puutarhassa.

3) Paluu fyysiseen tilaan

Kaikki muuttui sen jälkeen kun Aatami söi hyvän- ja
pahantiedon puusta ja niskoitteli Jumalaa vastaan. Hänet
ajettiin maahan, fyysiseen tilaan, ja hän pystyi korjaamaan satoa
ainoastaan työnteon ja otsansa hien kautta. Kaikki oli kirouksen
alaista eikä Jumalan aikojen alussa luomat hyvät ympäristöt olleet
enää olemssa.

Genesis 3:17 sanoo: *"Ja Aadamille hän sanoi: 'Koska kuulit
vaimoasi ja söit puusta, josta minä kielsin sinua sanoen: 'Älä
syö siitä', niin kirottu olkoon maa sinun tähtesi. Vaivaa nähden
sinun pitää elättämän itseäsi siitä koko elinaikasi.'"*

Tämä jae kertoo meille että Aatamin synnin tähden
hänen itsensä lisäksi myös kaikki tämän maan päällä, eli koko
ensimmäinen taivas, tuli kirotuksi. Kaikki maan päällä ollut
oli kauniissa sovussa keskenään mutta tämä korvautui uudella
fyysisellä järkestyksellä. Kirouksen tähden myös bakteerit ja
virukset ilmestyivät maailmaan ja myös eläimet ja kasvit alkoivat
muuttua.

Geneksen jakeessa 3:18 Jumala sanoo Aatamille näin:
"Orjantappuroita ja ohdakkeita se on kasvava sinulle, ja

kedon ruohoja sinun on syötävä." Sato ei menesty hyvin ohdakkeiden ja orjantappuroiden tähden ja niin Aatami sai syödä maan satoa ainoastaan hikisen työn kautta. Myös maaperä oli kuitenkin kirottu, ja niin siitä alkoi kasvaa tarpeettomia puita ja kasveja. Vahingolliset hyönteiset ilmestyivät. Aatamin piti nyt taistella näitä tuholaisia vastaan voidakseen viljellä ja muuttaa maan tuottoisaksi pelloksi.

Sydämen jalostuksen tarve

Samalla tavalla kuin Aatami jalosti maata, niin myös ihmisten täytyi nyt käydä läpi ihmiskunnan jalostuksen prosessi tämän maan päällä. Ennen kuin ihminen teki syntiä hän omasi ainoastaan puhtaan ja nuhteettoman, hengen tietoutta omaavan, sydämen. Genesis 3:23 sanoo: *"Niin Herra Jumala ajoi hänet pois Eedenin paratiisista viljelemään maata, josta hän oli otettu.* " Tämä jae vertaa tomusta tehtyä Aatamia maahan josta hän oli peräisin. Tämä tarkoittaa sitä että hänen piti jalostaa nyt sydäntään.

Ennen syntiinlankeamustaan Aatamilla ei ollut tarvetta jalostaa sydäntään sillä hän ei ollut kantanut siinä lainkaan pahuutta.

Hänen niskoiteltua Jumalaa vastaan Saatana ja paholais-vihollinen alkoivat kuitenkin hallita häntä. Ne istuttivat yhä useampia lihallisia asioita ihmisen sydämeensä. Ne istuttivat viha, kiukkua, ylpeyttä, haureutta jne. Kaikki nämä asiat alkoivat nyt kasvattaa ohdakkeita ja orjantappuroita ihmisen sydämeen. Ihmiskunta tuli yhä enemmän lihan tahraamaksi.

'Maan viljeleminen, josta hänet oli otettu' tarkoittaa että meidän pitää ottaa Jeesus Kristus vastaan, käyttää Jumalan Sanaa meidän sydämeemme istutetun lihan poisheittämiseksi sekä palata hengelliseen tilaan. Muuten me omaamme kuolleen hengen emmekä me voi nauttia ikuisesta elämästä sen kanssa. Tämän tähden ihmisiä jalostetaan tämän maan päällä jotta me voisimme jalostaa lihallisia sydämiämme puhtaan, hengellisen sydämemme löytämiseksi. Tämänkaltaisen sydämen Aatami omasi ennen lankeamustaan.

Aatami koki suuren muutoksen kun hänet ajettiin Eedenin puutarhasta tämän maan päälle elämään. Hän koki suurempaa tuskaa ja hämmennystä kuin mitä suuren valtakunnan prinssi kokee jos hänestä tulee maatyöläinen. Myös Eevan täytyi nyt kärsiä suuremmista synnytystuskista.

Aatamin ja Eevan eläessä Eedenin puutarhassa he eivät koskaan kokeneet kuolemaa. Nyt heidän piti kuitenkin kohdata kuolema eläessään tässä fyysisessä ja katoavaisessa maailmassa. Genesis 3:19 sanoo: *"Otsasi hiessä sinun pitää syömän leipäsi, kunnes tulet maaksi jälleen, sillä siitä sinä olet otettu. Sillä maasta sinä olet, ja maaksi pitää sinun jälleen tuleman."* Kuten kirjoitettua, heidän piti nyt kohdata kuolema.

Aatamin henki tuli kuitenkin Jumalalta ja niin se ei voi koskaan kuolla täysin kokonaan. Genesis 2:7 sanoo: *"Silloin Herra Jumala teki maan tomusta ihmisen ja puhalsi hänen*

sieramiinsa elämän hengen, ja niin ihmisestä tuli elävä sielu."
Tämä elämän henkäys on Jumalan ikuinen lahja.
Aatamin henki ei kuitenkaan ollut enää aktiivinen. Niin
hänen sielustaan tuli ihmisen isäntä ottaen hallintaansa myös
ihmisen fyysisen kehon. Tästä hetkestä eteenpäin Aatamin
täytyi ikääntyä ja lopulta kohdata kuolema fyysisen maailman
järjestyksen mukaisesti. Hänen täytyi palata maan tomuksi.

Tuohon aikaan synnit ja pahuus eivät olleet yhtä yleisiä kuin
tänä päivänä siitä huolimatta että maa oli kirottu, ja niin Aatami
eli 930 vuoden ikäiseksi (Genesis 5:5).

Aikojen kuluessa ihmiset kuitenkin muuttuivat yhä
pahemmiksi. Tämän johdosta heidän elinikänsä lyheni.
Saavuttuaan maahan Eedenin puutarhasta Aatamin ja Eevan
piti sopeutua uuteen elinympäristöönsä. Ennen kaikkea heidän
piti alkaa elämään lihan ihmisinä elävän hengen sijaan. He olivat
väsyneitä työnteon jälkeen ja niin heidän piti levätä. He kärsivät
sairauksista ja heidän ruuansulatus muuttui yhdessä heidän
ruokavalionsa kanssa. Heidän piti ulostaa syömisen jälkeen.
Kaikki muuttui. Aatmin niskoittelussa ei ollut kyse mistään
pienestä asiasta. Tämän niskoittelun johdosta synti saapui
ihmiskunnan keskelle. Aatami, Eeva ja kaikki heidän jälkeläisensä
tämän maan päällä aloittivat elämänsä kuolleella hengellä.

Luku 3
Ihmiset fyysisessä tilassa

Liha on syntiin yhdistynyt piirre,
ja niin ihmiset tekevät syntiä fyysisessä tilassa.
Ihmisten sisimmässä on kuitenkin
Jumalan antama elämän siemen,
ja tämän siemenen avulla tapahtuu ihmiskunnan jalostus

Aatami ja Eeva saivat useita jälkeläisiä tämän maan päällä. Heidän sielunsa olivat kuolleita mutta tästä huolimatta Jumala ei kuitenkaan hylännyt heitä. Hän opetti heille asioita jotka olivat tarpeellisia heidän maalliselle elämälleen. Aatami opetti lapsilleen tämän totuuden joten sekä Kain että Aabel olivat tietoisia siitä kuinka heidän oli uhrattava Jumalalle.

Kain kuitenkin toi Jumalalle maan hedelmien uhreja mutta Aabel antoi Jumalalle Hänen haluamia veren uhreja. Jumala hyväksyi ainoastaan Aabelin uhrin mutta sen sijaan että Kain olisi ymmärtänyt virheensä ja katunut hän tuli niin mustasukkaiseksi että hän tappoi Aabelin.

Aikojen kuluessa synti muuttui yhä yleisemmäksi kunnes Nooan aikana maa oli niin täynnä väkivaltaa että Jumala lopulta rankaisi koko maailmaa vedellä. Jumala kuitenkin salli Nooan ja hänen kolmen poikansa aloittaa kokonaan uuden ihmislajin. Mitä sitten on tapahtunut tämän maailman päälle elävään saapuneille ihmisille?

1. Elämän siemen

Aatamin kommunikaatio Jumalan katkesi hänen tehtyään syntiä. Hänen hengellinen energiansa valui hänestä ulos ja korvautui häneen tulevalla lihallisella energialla mikä tukahdutti hänessä olevan elämän siemenen.

Jumala loi Aatamin maan tomusta. Hepreaksi 'Adamah' tarkoittaa maan tomua. Jumala muotoili ihmisen savesta ja puhalsi hänen sieraimiinsa elämän henkäyksen. Myös Jesajan kirja sanoo että ihminen tehtiin savesta.

Jesaja 64:8 sanoo: *"Mutta olethan sinä, Herra, meidän isämme; me olemme savi, ja sinä olet meidän valajamme, kaikki me olemme sinun kättesi tekoa."*

Pian sen jälkeen kun minä perustin tämän kirkon Jumala näytti minulle näyn missä Hän muotoili Aatamin savesta. Jumalan käyttämä materiaali oli veden kanssa sekoitettu maaperä, eli savi. Tässä vesi viittaa Jumalan Sanaan (Joh. 4:14). Vesi ja maaperä sekoittuivat toisiinsa minkä jälkeen elämän henkäys puhallettiin ihmiseen. Tällöin veri, eli elämä, alkoi kiertää ja ihmisestä tuli elävä olento (2. Moos. 17:14). Elämän henkäys pitää sisällään Jumalan voiman. Tämä ei voi koskaan rauenneta sillä se on peräisin Jumalasta. Raamattu ei sano vain että Aatamista tuli ihminen, vaan että hänestä tuli elävä henki. Hän olisi voinut elää ikuisesti elämän hengen avulla siitä huolimatta että hänet oli luotu maan tomusta. Tästä me voimme päätellä jakeiden Joh. 10:34-35 merkityksen jotka kuuluvat seuraavasti: *"Jeesus vastasi heille: Eikö teidän laissanne ole kirjoitettuna: 'Minä sanoin: te olette jumalia'? Jos hän sanoo jumaliksi niitä, joille Jumalan sana tuli-ja Raamattu ei voi raueta tyhjiin."*

Alussa ihminen pystyi elämään kokematta koskaan fyysistä kuolemaa. Aatamin henki oli kuollut hänen niskoittelunsa tähden mutta hänen sisimmässään Jumalan antama elämän siemen oli yhä jäljellä. Tämä siemen on ikuinen ja sen kautta kuka tahansa voi syntyä uudelleen Jumalan lapseksi.

Kaikille annettu elämän siemen

Luodessaan Aatamin Jumala istutti häneen elämän sammumattoman siemenen. Elämän siemen on Jumalan Aatamin henkeen istuttama alkuperäinen siemen mistä tuli hänen henkensä ydin. Tämä on hengen alkuperä sekä sen voiman lähden jonka avulla me voimme ajatella Jumalaa ja täyttää ihmisen velvollisuutemme.

Raskauden kuudentena kuukautena Jumala antaa sikiölle elämän siemenen. Tämä elämän siemen on Jumalan sydän ja voima niin että ihmiset voivat kommunikoida Hänen kanssaan. Suurin osa ihmisistä jotka eivät tunnusta Jumalan olemassaoloa pelkäävät elämää ja kuolemaa eivätkä he pysty kieltämään Jumalaa syvällä sisimmässään sydämessään olevan elämän siemenen tähden.

41

Pyramidien kaltaiset muinaismuistot kertovat siitä mitä ihmiset ovat ajatelleet ikuisesta elämästä ja kuinka he ovat toivoneet ikuista leposijaa. Jopa rohkeimmat miehet pelkäävät kuolemaa sillä heissä oleva elämän siemen tunnistaa tulevan elämän olemassaolon.

Jokainen omaa Jumalan heille antaman elämän siemenen ja etsii Jumalaa (Saarnaaja 3:11). Elämän siemen toimii kuin ihmisen sydän ja niin se liittyy hengelliseen elämään. Veri kiertää kehoa toimittaen happea ja ravintoa soluille toimivan sydämen ansiosta. Samalla tavalla ihmisen henki tulee voimakkaammaksi jos hänessä oleva elämän siemen aktivoituu, ja näin tämä henkilö voi kommunikoida Jumalan kanssa. Elämän siemen ei kuitenkaan ole aktiivinen eikä henkilö voi kommunikoida Jumalan kanssa suoraan jos hänen henkensä on kuollut.

Elämän siemen on hengen ydin

Aatami täyttyi Jumalan opettamalla totuuden tietoudella. Hänessä oleva elämän siemen oli täysin aktiivinen. Hän täyttyi hengellisellä energialla. Hänestä tuli niin viisas että hän pystyi nimeämään kaikki elävät asiat ja elämään kaikkien olentojen herrana niitä kaikkia halliten. Hänen tehtyä syntiä hänen kommunikaatioyhteytensä Jumalaan katkesi. Hänen hengellinen energiansa alkoi vuotaa hänestä ulos. Hänen sydämessä oleva hengellinen energia korvautui lihallisella energialla ja tämä lihallinen energia peitti myös elämän siemenen. Tästä alkaen

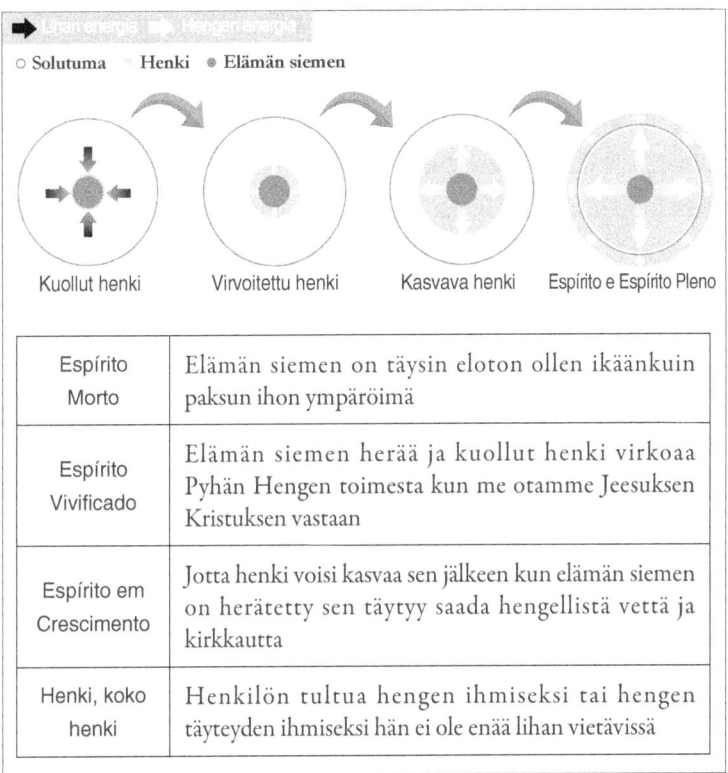

Espírito Morto	Elämän siemen on täysin eloton ollen ikäänkuin paksun ihon ympäröimä
Espírito Vivificado	Elämän siemen herää ja kuollut henki virkoaa Pyhän Hengen toimesta kun me otamme Jeesuksen Kristuksen vastaan
Espírito em Crescimento	Jotta henki voisi kasvaa sen jälkeen kun elämän siemen on herätetty sen täytyy saada hengellistä vettä ja kirkkautta
Henki, koko henki	Henkilön tultua hengen ihmiseksi tai hengen täyteyden ihmiseksi hän ei ole enää lihan vietävissä

elämän siemen menetti hiljalleen kirkkauttaan kunnes se muuttui lopulta täysin elottomaksi.

Aatamin henki kuoli kun hänen elämän siemenensä muuttui elottomaksi samalla tavalla kuin ihmisen elämä päättyy kun hänen sydämensä lakkaa lyömästä. Se että hänen henkensä kuoli tarkoittaa sitä että hänen elämänsä siemen lakkasi toimimasta niin että tämä siemen oli kuin kuollut. Tämän tähden jokainen fyysiseen maailmaan syntynyt henkilö syntyy täysin elottoman

43

elämän siemenen kera.

Ihmiset eivät ole pystyneet välttämään kuolemaa Aatamin lankeamisen jälkeen. Ihmisten pitää ratkaista synnin ongelma Jumalan, itse Kirkkauden, avulla voidakseen saada taas ikuisen elämän. Tämä tarkoittaa että heidän piti ottaa vastaan Jeesus Kristus ja syntien anteeksiantaminen. Jeesus kuoli ristillä ihmiskunnan synnit lunastaen virvoittaakseen meidän henkemme. Hänestä tuli tie, totuus ja elämä jonka kautta me voimme saada ikuisen elämän. Ottaessamme Jeesuksen vastaan henkilökohtaiseksi Pelastajaksemme me voimme saada syntimme anteeksi ja tulla Jumalan lapsiksi Pyhän Hengen kautta.

Pyhä Henki aktivoi meissä olevan elämän siemenen. Tämä herättää meissä olevan kuolleen hengen. Tästä hetkestä alkaen kirkkautensa menettänyt elämän siemen alkaa jälleen loistaa. Se ei tietenkään voi loistaa yhtä kirkkaasti kuin Aatamin siemen mutta sen kirkkaus voimistuu kun henkilön usko vahvistuu ja hänen henkensä kasvaa ja kypsyy.

Mitä enemmän elämän siemen täyttyy Pyhällä Hengellä, sitä kirkkaampaa valoa se loistaa ja sitä kirkkaampi hengellisen ruumiin valo on. Ihminen voi löytää Jumalan kadonneen kuvan ja tulla Hänen uskolliseksi lapsekseen sen mukaan kuinka hän täyttää itseään totuuden tietoudella.

Fyysinen elämän siemen

Hengen sisimmän muodostavan hengellisen elämän siemenen

lisäksi on olemassa myös fyysinen elämän siemen. Tämä viittaa siittiöön ja munasoluun. Jumala suunnitteli ihmisten jalostuksen saadakseen sen avulla uskollisia lapsia joiden kanssa jakaa rakkautensa. Pannakseen suunnitelmansa täytäntöön Hän antoi ihmisille elämän siemenen jotta he voisivat lisääntyä ja täyttää maan. Jumalan asuttama hengellinen tila on rajaton ja ilman seuraa se olisi yksinäinen ja lohduton paikka. Tämän tähden Jumala loi Aatamin eläväksi hengeksi ja antoi tämän lisääntyä sukupolvi sukupolven jälkeen saadakseen lisää lapsia.

Jumalan haluama lapsi on henkilö jonka kuollut henki on virvonnut eloon, joka pystyy kommunikoimaan Jumalan kanssa, ja joka pystyy jakamaan rakkauden Hänen kanssaan ikuisesti taivaallisessa kuningaskunnassa. Tällaisten todellisten lasten saamiseksi Jumala antaa kaikille ikuisen elämän ja Hän on toimeenpannut ihmiskunnan jalostusta aina Aatamin ajoista saakka. Daavid ymmärsi tämän Jumalan rakastavan suunnitelman ja sanoi: *"Minä kiitän sinua siitä, että olen tehty ylen ihmeellisesti; ihmeelliset ovat sinun tekosi, sen minun sieluni kyllä tietää"* (Psalmi 139:14).

2. Kuinka ihmiset syntyivät

Ihmisestä ei voida kloonata toista ihmistä. Vaikka olisikin mahdollista kopioida henkilön ulkoinen olemus ei tämä kopio olisi ihminen sillä siltä puuttuisi henki. Tämä kloonattu olento ei eroaisi siis mitenkään eläimestä.

Uusi elämä alkaa kun siittiö yhtyy munasoluun. Kehittyäkseen ihmiseksi sikiö viipyy kohdussa yhdeksän kuukautta. Me voimme aistia Jumalan voiman kun me pohdiskelemme sitä kasvun prosessia joka alkaa hedelmöitymisestä ja päättyy synnytykseen.

Ensimmäisen kuukauden aikana hermosto alkaa kehittyä. Kehitys alkaa niin että veri, luut, lihakset, verisuonet ja sisäelimet alkavat muodostua. Toisen kuukauden aikana sikiön sydän alkaa lyödä ja sikiö itse alkaa muistuttaa ihmisen hahmoa. Pää ja raajat alkavat erottua. Kolmannen kuukauden aikan sikiön kasvot alkavat muodostua. Sikiö voi liikuttaa päätään, kehoaan ja raajojaan omin voiminensa ja myös sen sukupuolielimet alkavat kehittyä.

Neljännen kuukauden aikana istukka on valmis ja sekä sikiön pituus että paino lisääntyvät nopeasti ravintovirran lisääntyessä. Kaikki elämää ja kehoa ylläpitävät elimet toimivat normaalisti. Lihakset alkavat kehittyä viidennestä kuukaudesta alkaen kuten myös kuuloaistikin. Kuudennen kuukauden aikana ruuansulatusjärjestelmä kehittyy niin että sikiön kasvu nopeutuu entisestäänkin. Seitsemännen kuukauden aikana sikiön päässä alkaa kasvaa hiuksia ja se alkaa hengittää sen keuhkojen kehityttyä.

Sukupuolielinten ja kuuloaistin kehitys on valmista kahdeksannen kuukauden aikana. Sikiö saattaa jopa reagoida ulkoiseen ääneen. Yhdeksännen kuukauden aikana sikiön hiukset tuuhentuvat ja muualla sen kehossa kasvavat karvat katoavat. Yhdeksän kuukauden jälkeen syntyy vauva joka on keskimäärin 50 cm pitkä ja 3,2 kiloa painava.

Sikiö on Jumalalle kuuluva elämä

Nykypäivänä tiede on niin kehittynyttä että ihmiset ovat erittäin kiinnostuneita kloonaamaan eläviä asioita. Mutta kuten jo sanottua, me emme pysty kloonaamaan ihmistä oli tiede sitten kuinka kehittynyttä tahansa. Vaikka tiede onnistuisikin kloonaamaan olennon joka näyttäisi ulkoisesti ihmiseltä ei sillä silti olisi sielua. Ilman henkeä tämä ei kuitenkaan eroaisi eläimestä.

Toisin kuin muiden olentojen kanssa, ihmiskasvun aikana koittaa hetki jolloin hänelle annetaan henki. Raskauden kuudennen kuukauden aikana sikiöllä on jo useita elimiä, kasvot sekä raajat. Siitä on kehittymässä astia joka kykenee kantamaan hänen henkensä. Tässä vaiheessa Jumala antaa ihmiselle elämän siemenen. Raamatussa on kohta joka puhuu tästä. Tämä kertoo kuusikuukautisen sikiön reaktiosta sen ollessa vielä kohdussa.

Luukas 1:41-44 sanoo: *"Ja kun Elisabet kuuli Marian*

tervehdyksen, hypähti lapsi hänen kohdussansa; ja Elisabet täytettiin Pyhällä Hengellä. Ja hän puhkesi puhumaan suurella äänellä ja sanoi: 'Siunattu sinä vaimojen joukossa, ja siunattu sinun kohtusi hedelmä! Ja kuinka minulle tapahtuu tämä, että minun Herrani äiti tulee minun tyköni? Sillä katso, kun sinun tervehdyksesi ääni tuli minun korviini, hypähti lapsi ilosta minun kohdussani.'"

Tämä tapahtui kun Jeesus oli juuri sikissyt Neitsyt Marian kohdussa ja tämä oli mennyt vierailulle Elisabetin luokse joka oli tullut raskaaksi Johannes Kastajasta kuusi kuukautta aikaisemmin. Äitinsä kohdussa oleva Johannes Kastaja loikkasi ilossa kun Neitsyt Maria tuli. Hän tunnisti Marian kohdussa olevan Jeesuksen ja täyttyi Hengellä. Sikiö ei ole pelkästään elämä vaan myös hengellinen olento joka voi täyttyä Hengellä raskauden kuudennesta kuukaudesta alkaen. Ihminen kuuluu Jumalalle hänen hedelmöityksestään alkaen. Vain Jumalalla on valta elämään. Tämän tähden meidän ei pidä tehdä aborttia vaikka se meistä olisikin tarpeellista tai välttämätöntä eikä sikiöllä ole vielä henkeä.

Yhdeksän kuukautta kestävä kausi jonka aikana sikiö kasvaa kohdussa on erittäin tärkeä. Sikiö saa tänä aikana kaiken tarvitsemansa äidiltään minkä johdosta äidin pitää nauttia tasapainoisesta ruokavaliosta. Myös se kuinka äiti ajattelee ja tuntee vaikuttaa siihen kuinka sikiön luonteenpiirteet, persoonallisuus sekä älykkyys kehittyvät. Sama koskee henkeä. Jumalan kuningaskuntaa palvelevien sekä tunnollisesti rukoilevien äitien lapset syntyvät yleensä laupeina ja kasvavat viisaudessa ja terveenä. Valta elämän suhteen kuuluu yksinomaan Jumalalle. Hän ei kuitenkaan sekaannu siihen kuinka ihmiset hedelmöityvät, syntyvät tai kasvavat. Synnynnäiset piirteet määriytyvät vanhempien siittiön ja munasoluun sisältyvän elämän energian mukaisesti. Muut luonteenpiirteet määriytyvät ja kehittyvät ympäristön ja muiden vaikutteiden mukaisesti.

Jumala puuttuu asioihin

On tapauksia joissa Jumala puuttuu hedelmöitykseen ja syntymään. Tämä tapahtuu ensinnäkin silloin kun lapsen vanhemmat miellyttävät Jumalaa uskollaan ja rukoilevat vilpittömästi. Hanna oli tuomarien aikakaudella elävä nainen joka kärsi suuresti sen tähden että hän ei voinut saada lapsia. Hän kuitenkin astui Jumalan eteen ja rukoili vilpittömästi. Hän lupasi että jos Jumala antaisi hänelle pojan hän antaisi tämän Jumalalle.

Jumala kuuli Hannan rukouksen ja siunasi häntä saamaan poikalapsen. Lupauksensa mukaisesti Hanna vei poikansa Samuelin, papille, Jumalan palvelijaksi heti sen jälkeen kun poika ei enää tarvinnut rintamaitoa. Samuel kommunikoi Jumalan kanssa heti lapsuudesta lähtien ja hänestä tuli lopulta suuri Jumalan profeetta. Hannan pitämän lupauksen ansiosta Jumala antoi hänelle lisäksi kolme poikaa ja kaksi tytärtä (1. Sam. 2:21).

Jumala myös puuttuu niiden ihmisten elämään jotka Hän on erottanut suunnitelmaansa varten. Voidaksemme ymmärtää mitä tämä tarkoittaa meidän pitää ymmärtää mitä 'valituksi tuleminen' ja 'erottaminen' tarkoittavat. On kyse Jumalan valinnasta kun Hän asettaa tietyt raamit tai puitteet ja valitsee jokaisen näiden raamien sisäpuolella olevat ihmiset. Jumala esimerkiksi asetti pelastuksen puitteet ja pelastaa jokaisen joka tulee näiden puitteiden sisälle. Näin me voimme sanoa että kaikki jotka ovat pelastuneet Jeesuksen Kristuksen valitseminen ja Jumalan Sanan mukaisesti elämisen kautta ovat 'valittuja.'

Jotkut kuitenkin luulevat virheellisesti että Jumala on jo valinnut kuka tulee pelastumaan ja kuka ei. He sanovat että jos sinä otat Herran kerran vastaan Jumala tulee tekemään työtään niin että jollakin tavalla sinä tulet pelastumaan siitä huolimatta että sinä et elä Jumalan Sanan mukaisesti. Tämä ei ole kuitenkaan totta.

Jokainen joka vapaasta tahdostaan tulee uskoon ja pelastuksen puitteiden sisään tulee saamaan pelastuksen. Tämä tarkoittaa että he ovat Jumalan 'valittuja.' Ihmiset jotka eivät ole astuneet pelastuksen puitteiden sisäpuolelle tai jotka ovat niin tehneet mutta myöhemmin maailmallisuuden tähden niistä loitontuneet syntiä tietoisesti tehden eivät voi kuitenkaan pelastua elleivät he käänny synneistään pois.

Mitä sitten tarkoittaa se että Jumala 'erottaa' ihmisiä. Tämä tarkoittaa sitä että kaiken tietävä ja kaiken aikojen alusta saakka suunnitellut Jumala ottaa tietyn henkilön ja hallitsee tämän elämän kulkua. Esimerkiksi Israelin kansakunnan isä, Aabraham, sekä Exoduksen johtaja Mooses erotettiin Jumalan toimesta täyttämään Hänen valitsemiaan rooleja ja tehtäviä. Jumala tietää kaiken. Hän tietää minkälaisen henkilön pitää syntyä minäkin hetkenä ihmiskunnan jalostuksessa. Täyttääkseen suunnitelmansa Hän valitsee tietyn henkilön ja sallii tämän tehdä suuria ihmeitä. Tällä tavalla muista erotettujen kanssa Jumala puuttuu heidän elämäänsä joka hetki aina syntymästä saakka.

Room. 1:1 sanoo: *"Paavali, Jeesuksen Kristuksen palvelija, kutsuttu apostoli, erotettu julistamaan Jumalan evankeliumia."* Apostoli Paavali erotettiin pakanoiden apostoliksi evankeliumia saarnaamaan. Hän omasi rohkean ja vakaan sydämen, ja tämän tähden hänet erotettiin kärsimään kuvittelemattoman suurista kärsimyksistä. Hänelle annettiin myös vastuu ja velvollisuus kirjata ylös suurin osa Uuden testamentin kirjoista. Jotta Paavali voisi täyttää tämän velvollisuuden Jumala antoi hänen opetella Jumalan Sanaa aina lapsuudestaan saakka aikansa parhaan oppineen, Gamalielin, opastuksella.

Myös Johannes Kastaja erotettiin Jumalan toimesta. Jumalan johdatus puuttui Johanneksen hedelmöitykseen ja Hän salli tämän elää erilaista elämää aina lapsuudestaan saakka. Johannes eli yksin erämaassa ilman mitään yhteyttä muuhun maailmaan. Hänen vaatetuksensa muodostui kamelinkarvasta ja vyötäisillä olevasta nahkavyöstä. Hän söi vain heinäsirkkoja ja hunajaa. Tällä tavalla Johannes valmisti tien Jeesukselle.

Sama koski myös Moosesta. Jumalan käsi seurasi Mooseksen elämää tämän syntymästä saakka. Hänet laskettiin jokeen ajelehtimaan mutta hänestä tuli prinssi prinsessan löydettyä hänet. Hänen oma äitinsä kuitenkin kasvatti hänet niin että hän oppisi Jumalasta ja omasta kansastaan. Kuten jo aiemmin selitettiin, se että Jumala erottaa sinut muista tarkoittaa sitä että Hän hallitsee sinun elämääsi aktiivisesti ollen tietoinen siitä minkälainen henkilö syntyy minäkin ihmiskunnan jalostuksen hetkenä.

3. Omatunto

Se, etsiikö ihminen Jumalaa ja kohtaako tämä Hänet riippuu paljolti siitä minkälaisen omatunnon tämä henkilö omaa. Tämä vaikuttaa myös siihen löytää tämä henkilö Jumalan kuvan ja tuleeko hänestä arvokas olento.

Siittiö ja munasolu pitävät sisällään henkilön vanhempien elämän energian mikä periytyy heidän lapselleen. Sama koskee omatuntoa. Omatunto on mittatikku minkä avulla hyvää ja pahaa voidaan vertailla. On todennäköistä että lapsi syntyy hyvän omatunnon omaten jos hänen vanhempansa ovat eläneet hyvää elämää sydän täynnä antoisaa maaperää. Tärkein päättävä tekijä ihmisen omatunnon suhteen onkin hänen vanhemmiltaan perimänsä elämän energian laatu.

Vanhemmilta peritty hyvä elämän energia ei ole kuitenkaan kaikki kaikessa. Henkilön omatunto voi tahriintua pahalla jos he kasvavat epäsuosiollisessa ympäristössä nähden ja kokien paljon pahoja asioita jotka istuttavat heihin paljon pahuutta.

Omatunnon muodostuminen

Omatunnot muodostuvat erilaisiksi sen mukaan minkälaiset vanhemmat lapsi omaa, minkälaisessa ympäristössä hänet kasvatetaan, minkälaisia asioita hän näkee, kuulee ja oppii, sekä millä tavalla hän yrittää tehdä hyvää. Hyville vanhemmille syntyvät lapset jotka ovat kasvaneet hyvässä ympäristössä ja kykenevät hillitsemään itsensä yrittävät yleensä pysyä hyvyydessä omatuntoaan seuraten. Heille evankeliumin hyväksyminen on helppoa ja he muuttuvat totuuden mukaan.

Ihmiset saattavat yleisesti kuvitella että omatunto on osa heidän sydäntään. Jumalan silmissä näin ei kuitenkaan ole. Jotkut ihmiset omaavat hyvän omatunnon ja niin heillä on vahvempi taipumus seurata hyvyyttä, kun taas toiset omaavat pahan omatunnon ja totuuden sijaan he seuraavat omaa etuaan. Osa ihmisistä tuntee pistoksen omassatunnossaan jos he ottavat edes vähäarvoisen asian toiselta. Joku muu taas ei pidä tätä varkautena ja siten pahuutena. Ihmiset punnitsevat asiat hyviksi tai pahoiksi eri tavalla sen mukaan minkälaisessa ympäristössä he kasvoivat ja mitä heille on opetettu. Absoluuttinen standardi löytyy ainoastaan Jumalan Sanasta, mikä on itse totuus.

Sydämen ja omatunnon välinen ero

Room. 7:21-24 sanoo: *"Niin huomaan siis itsessäni, minä, joka tahdon hyvää tehdä, sen lain, että paha riippuu minussa kiinni; sillä sisällisen ihmiseni puolesta minä ilolla yhdyn Jumalan lakiin, mutta jäsenissäni minä näen toisen lain, joka sotii minun mieleni lakia vastaan ja pitää minut vangittuna synnin laissa, joka minun jäsenissäni on. Minä viheliäinen ihminen, kuka pelastaa minut tästä kuoleman ruumiista?"*
Nämä jakeet kertovat meille kuinka ihmisen sydän

muodostuu. Jakeen 'sisällinen ihminen' on totuuden sydän mitä voidaan kutsua myös 'valkoiseksi sydämeksi' joka yrittää seurata Pyhän Hengen ohjausta. Tässä sisäisessä ihmisessä on elämän sydän. On olemassa myös 'synnin laki', mikä on epätotuudesta muodostuva 'musta sydän.' On myös 'minun mieleni laki.' Tämä on omatunto. Omatunto on arvokysymysten mitatikku jonka ihmiset muodostavat itse. Se on sekoitus 'valkoista sydäntä' ja 'mustaa sydäntä.' Meidän täytyy ensin ymmärtää sydäntä voidaksemme ymmärtää omatuntoa.

Sanakirjat pitävät sisällään useita määritelmiä sanalla 'sydän.' Se tarkoittaa "tunteellista tai moraalista intellektuellin sijaan", tai "sisintä luonnetta, tunnetta tai halua." Sydämen hengellinen merkitys on kuitenkin eri.

Luodessaan ensimmäisen ihmisen Jumala antoi tälle hengen lisäksi myös elämän siemenen. Aatami oli kuin tyhjä astia minkä Jumala täytti rakkauden, hyvyyden ja totuudenmukaisuuden kaltaisella totuuden tietoudella. Aatami oppi ainoastaan totuutta, ja tämän tähden hänen elämän siemensä muodostui hänen omasta hengestään sekä siihen liittyvästä tietoudesta. Epätotuutta ei ollut lainkaan olemassa ja niin omatunnolle tai sitä kuvaavalle sanalle ei ollut tarvetta.

Aatamin henki ei ollut enää sama kuin hänen sydämensä sen jälkeen kun hän teki syntiä. Hänen kommunikaatioyhteytensä Jumalaa katkesi ja niin hänen sydämensä täyttänyt totuus, hengen tietous, alkoi vuotaa siitä ulos ja se korvautui vihan, kateuden ja ylpeyden kaltaisilla epätotuuksilla. Ennen tätä epätotuuden tahraa sanalle 'sydän' ei ollut käyttöä. Aatamin sydän oli itse henki. Hänen henkensä kuitenkin kuoli synnin tuotua epätotuuden mukanaan, mistä lähtien me olemme käyttäneet sanaa 'sydän.'

Aatamin lankeamuksen jälkeen ihmisten sydän saavutti tilan missä elämän siemen oli totuuden sijaan peitettynä epätotuudella. Tämä tarkoittaa sitä että hengen sijaan sielu peitti elämän siemenen. Yksinkertaisemmin sanottuna totuuden sydän on valkoinen sydän ja epätotuuden sydän on musta sydän. Kaikki tämän jälkeen syntyneet Aatamin jälkeläiset omaavat sydämen joka koostuu totuuden sydämestä, epätotuuden sydämestä sekä omatunnosta joka on totuuden ja epätotuuden sekoitus.

Omatunto perustuu luonteeseen

Henkilön sydämen ominaispiirrettä kutsutaan 'luonteeksi.' Henkilön luonne ei perustu ainoastaan hänen perintöönsä vaan se muovautuu sen mukaan minkälaisia kokemuksia hän kokee kasvaessaan. Aivan kuten maaperä muuttuu sen mukaan minkälaisia aineksia siihen lisätään, niin myös henkilön luonnekin muuttuu sen mukaan mitä hän näkee, kuulee ja tuntee.

Kaikki tämän maan päälle syntyneet Aatamin jälkeläiset perivät vanhemmiltaan elämän energiaa joka on sekoitus totuutta ja epätotuutta. Heidän luonteensa voi muuttua pahaksi siitä huolimatta että he ovat saattaneet syntyä hyvän luonteen omaten jos he kasvavat epäsuotuisassa ympäristössä. Hyvä ympäristö

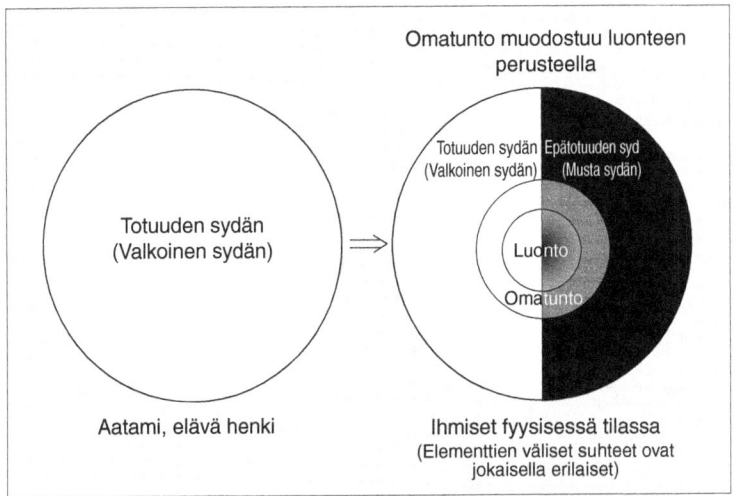

< Sydämen rakenne >

sekä hyvien asioiden oppiminen voi puolestaan johtaa siihen että heihin istutetaan suhteellisen vähän pahuutta. Jokaisen luonne voi muuttua sen mukaan kuinka paljon totuutta tai epätotuutta siihen lisätään.

Omatunnon ymmärtäminen on helppoa jos me ensin ymmärrämme ihmisen luonnetta sillä me arvioimme luonteita omatuntomme avulla. Me hyväksymme omaksumamme totuuden ja epätotuuden tietouden luonteellamme ja muodostamme siten perusteet joiden avulla me arvioimme maailmaa. Tämä on meidän omatuntomme. Joten henkilön omatunto muodostuu totuuden sydämestä, hänen luonteessaan olevasta pahuudesta sekä vanhurskaudesta.

Päivien kuluessa tämä maailma täyttyy synnillä ja pahuudella yhä enemmän ja enemmän, ja niin myös ihmisten omatunnot muuttuvat yhä pahemmiksi. He perivät vanhemmiltaan luonteenpiirteitä jotka ovat yhä pahempia ja tämän lisäksi he hyväksyvät elämäänsä enemmän epätotuuksia. Tämä prosessi jatkuu sukupolvesta toiseen. Ihmisten omatunto muuttuu pahemmaksi ja turtuu turtumistaan minkä tähden heidän on vaikea hyväksyä evankeliumia. Saatanan tekojen vastaanottamisesta ja syntien tekemisestä taas tulee heille yhä helpompaa.

4. Lihan teot

Ihmisten synnit johtavat rangaistukseen hengellisen maailman lakien mukaan. Jumala antaa ihmisille mahdollisuuden katua ja kääntyä heidän synneistään mutta jos näin ei kuitenkaan tapahdu he joutuvat kokemaan vaikeuksia, koettelemuksia tai muita katastrofeja.

Jokainen meistä on syntynyt syntisen luonteen kanssa sillä Aatamin syntinen luonne periytyy lapsille vanhempien elämän energian kautta. Me voimme esimerkiksi nähdä kuinka taaperot ilmaisevat kiukkuansa ja turhautuneisuuttaan itkemällä. Joskus lapsi itkee niin paljon että vaikuttaa siltä kuin se ei pystyisi hengittämään jos sitä ei ole imetetty kun se on nälkäinen. Myöhemmin tämä lapsi voi olla niin vihainen että se kieltäytyy syömästä. Jopa vastasyntyneet voivat käyttäytyä tällä tavalla sillä ne perivät vanhemmiltaan kiivautta, vihaa ja kateutta. Tämä johtuu siitä että kaikki ihmisest omaavat sydämessään syntisen luonteen, mitä myös perisynniksi kutsutaan.

Ihmiset tekevät syntiä myös kasvuprosessinsa aikana. Kuin metallia puoleensavetävä magneetti, fyysisessä tilassa elävät jatkavat epätotuuden hyväksymistä ja synnin tekemistä. Nämä 'itsetehdyt' synnit voidaan jakaa sydämen synteihin sekä synnin tekoihin. Eri synnit ovat erisuuruisia ja synnit teot tulevat takuuvarmasti tuomituiksi (1. Kor. 5:10). Synnit tekoja kutsutaan 'lihan teoiksi.'

Liha ja lihan teot

Genesis 6:3 sanoo: *"Silloin Herra sanoi: 'Minun henkeni ei ole vallitseva ihmisessä iankaikkisesti, koska hän on liha. Niin olkoon hänen aikansa sata kaksikymmentä vuotta.'"* Tässä 'liha' ei viittaa ainoastaan fyysiseen kehoon. Tämä tarkoita että ihmisestä oli tullut lihallinen olento joka oli syntien ja pahuuden tahraama. Tämänkaltainen ihminen ei voi asua Jumalan kanssa ikuisesti eikä siten voi tulla pelastetuksi. Vain muutama sukupolvi siitä kun Aatamin ajettiin ulos Eedenin puutarhasta hänen jälkeläisensä alkoivat pian tehdä lihan tekoja.

Mikä on sitten 'lihan' hengellinen merkitys? Se tarkoittaa 'tiettyjen tekojen ilmentämiä, ihmisen sydämessä olevia epätotuuden luonteenpiirteitä.' Toisin sanoen, kateus, kiivaus viha, ahneus, haureus, ylpeys ja muut sisäiset epätotuudet ilmenevät väkivallan, ruman kielenkäytän, haureuden ja murhan teoissa. Kaikkia näitä tekoja kutsutaan yhdessä 'lihaksi' ja jokainen näistä teoista on lihan teko.

Mutta pelkästään mielessä ja ajatuksissa tehdyt synnit jotka eivät ole ilmentyneet teoissa ovat 'lihallisia asioita.' Lihalliset asiat voivat ilmentyä lihan tekoina jos niitä ei ole heitetty pois sydämestä. Lihallisista asioista puhutaan enemmän teoksen toisessa osassa: 'Sielun Muodostumisessa.'

Lihallisten asioiden ilmennettyä lihan tekoina ne ovat epähurskautta ja laittomuutta. Syntisen luonteenpiirteen kantaminen sydämessä ei ole epähurskautta mutta siitä kuitenkin tulee epähurskautta heti kun se ilmentyy tekona. Me rakennamme muurin Jumalan ja itsemme välille jos me emme heitä näitä lihallisia asioita ja lihan tekoja pois vaan jatkamme niiden tekemistä. Tällöin Saatana syyttää meitä tuottaakseen meille vaikeuksia ja koettelemuksia. Me saatamme joutua kokemaan onnettomuuksia joilta Jumala ei suojele meitä. Me emme tiedä mitä huomenna tulee tapahtumaan ellemme me ole Jumalan suojeluksessa. Tästä syystä me emme voi myöskään saada vastauksia rukouksiimme.

Lihan selvät teot

Kaksi selvää lihan tekoa tässä syntisessä maailmassa on seksuaalinen moraalittomuus ja aistillisuus. Sodoma ja Gomorra olivat täynnä aistillisuutta ja ne tuhottiin tulikivellä ja tulella. Pompeijin raunioiden katsominen kertoo meille kuinka haurea ja korruptoitunut kaupungin yhteiskunta oli.

Gal. 5:19-21 kuvaa lihan tekoja seuraavasti:

Mutta lihan teot ovat ilmeiset, ja ne ovat: haureus, saastaisuus, irstaus, epäjumalanpalvelus, noituus, vihamielisyys, riita, kateellisuus, vihat, juonet, eriseurat, lahkot, kateus, juomingit, mässäykset ja muut senkaltaiset, joista teille edeltäpäin sanon, niinkuin jo ennenkin olen sanonut, että ne, jotka semmoista harjoittavat, eivät peri Jumalan valtakuntaa.

Jopa tänäkin päivänä nämä lihan teot ovat yleisiä ympäri maailma. Anna minun esittää muutama esimerkki tämänkaltaisista lihan teoista.

Puhukaamme ensiksi seksuaalisesta moraalittomuudesta. Tämä voi olla joko fyysistä tai hengellistä. Fyysisessä mielessä se viittaa haureuteen tai sukupuoliseen kanssakäymiseeen. Edes toistensa kanssa kihloissa olevat eivät muodosta tässä kohdassa poikkeusta. Nykyään romaanit, elokuvat ja saippuaoopperat käsittelevät haureutta tavalla joka saa sen muistuttamaan kaunista rakkautta mikä tylsistää ihmisten herkkyyttä syntiä kohtaan ja hämärtää syntisten ja ei-syntisten tekojen välistä rajaa. Nykyään on myös paljon säädytöntä materiaalia joka rohkaisee sukupuolista kanssakäymistä.

Mutta uskoville on olemassa myös hengellistä moraalittomuutta. On hengellistä moraalittomuutta käydä ennustajalla, kantaa mukanaan onnea tuovaa esinettä tai tehdä noituutta (1. Kor. 10:21). Hengellinen haureus on sama kuin Jumalan pettäminen. Tätä tapahtuu silloin kun kristityt eivät luota elämää, kuolemaa, siunauksia ja kirouksia hallitsevaan Jumalaan vaan sen sijaan tukeutuvat epäjumaliin ja demoneihin.

Toisekseen, on epäpuhtautta seurata himoja ja tehdä epähurskaita tekoja antaen elämänsä täyttyä haureuden teoilla ja sanoilla. Tämä on jotakin mikä on vakavampaa kuin seksuaalinen moraalittomuus ja se pitää sisällään sellaiset asiat kuin eläinten kanssa parittelun, ryhmäseksin ja homoseksuaalisuuden (3. Moos. 18:22-30). Mitä yleisempää synti on, sitä välinpitämättömiä ihmiset ovat haureutta kohtaan.

Nämä asiat ovat Jumalaa vastustamista ja Häntä vastaan niskoittelua (Room. 1:26-27). Nämä ovat syntejä jotka ryöväävät meiltä pelastuksen (1. Kor. 6:9-10) ja jotka ovat kauhistus Jumalan edessä (5. Moos. 13:18). Sukupuolenvaihdosleikkaukset, miehet jotka pukeutuvat naisten vaatteisiin tai naiset jotka pukeutuvat miesten vaatteisiin ovat kauhistus Jumalan edessä (5. Moos. 22:5).

Kolmanneksi, myös epäjumalien palvonta on kauhistus Jumalan edessä. Epäjumalien palvominen voi olla joko fyysistä tai hengellistä.

Fyysinen epäjumalanpalvonta tarkoittaa puusta, kivestä tai metallista valmistetun epäjumalan palvelemista ja palvomista Luojan etsimisen sijaan (2. Moos 20:4-5). Vakava epäjumalanpalvonta johtaa kirousten jatkumiseen kolmanteen tai neljänteen sukupolveen saakka. Jos sinä tarkkailet perheitä jotka palvovat epäjumalia sinä voit nähdä kuinka paholais-vihollinen ja Saatana yrittää jatkuvasti aiheuttaa heille koettelemuksia ja vaikeuksia. Näissä perheissä vaikeudet eivät koskaan katoa kokonaan. Useat perheenjäsenet ovat riivattuja, mieleltään sairaita tai alkoholisoituneita. Tämänkaltaisiin perheisiin syntyneet ovat paholais-vihollisen ja Saatanan riivaamia siitä huolimatta että he ovat ottaneet Herran vastaan ja niin he voivat kokea uskossa elämisen vaikeaksi.

On hengellistä epäjumalanpalvontaa kun me rakastamme jotakin muuta Jumalaa enemmän. Herran päivän rikkominen elokuvien, saippuasarjojen, urheilutapahtumien tai muiden harrastusten takia sekä tyttö- tai poikaystävän takia kirkon velvollisuuksien laiminlyöminen on kaikki hengellistä epäjumalanpalvontaa. Näiden lisäksi minkä tahansa muun asian – perheen, maailmallisten huvitusten, ylellisyysesineiden, vallan, maineen, ahneuden tai tietouden – rakastaminen Jumalaa enemmän on epäjumalanpalvontaa.

Neljänneksi, noituus on pahojen henkien avulla saatujen voimien käyttämistä. Näitä voimia käytetään usein varsinkin ennustamiseen.

Ei ole oikein käydä ennustajien luona jos sinä uskot Jumalaan. Jopa ei-uskovat aiheuttavat itselleen suuria katastrofeja tekemällä noituutta, sillä noituus tuo mukanaan pahoja henkiä.

Esimerkiksi ongelmat vain pahenevat jos me yritämme ratkaista niitä noituuden avulla. Noituuden jälkeen pahat henget voivat vaikuttaa siltä kuin ne olisivat hiljenneet mutta pian ne kuitenkin aiheuttavat yhä suurempia ongelmia jotta niitä palvottaisiin yhä enemmän. Joskus ne näyttävät kertovan mitä tulevaisuus tuo mukanaan mutta pahat henget eivät kuitenkaan oikeasti tiedä tulevaisuutta. Kyse on vain siitä että ne ovat hengellisiä olentoja ja ne tuntevat lihallisen ihmisen sydämen joten ne pettävät ihmisiä luulemaan että heille kerrotaan tulevaisuudesta saadakseen osakseen palvontaa. Noituutta harrastavat voivat myös punoa juonia muiden pettämiseksi ja tämän tähden meidän pitää olla varovaisia heidänkin suhteen. On selvä lihan merkki jos sinä sallit toisen langeta juonen avulla, ja tämä tulee johtamaan sinun itsesi tuhoon.

Viidenneksi, vihamielisyys on aktiivista ja usein molemminpuolista vihaa tai pahansuopaisuutta. Se on sitä että me haluamme toisen tuhoutuvan ja usein yritämme saada tämän aikaiseksi. Vihamielisyyttä tuntevat vihaavat toisia ainoastaan sen tähden että he eivät pidä näistä. Tämän vihan kasvaessa he saattavat räjähtää tai alkaa mustamaalata tai juonia tätä toista henkilöä vastaan.

Kuudenneksi, riitaisuus on joskus väkivaltaistakin katkeraa konfliktia tai eripuraa. Tämä jakaa kirkon eri ryhmiin jotka perustuvat pelkästään siihen että ihmisillä on eri mielipiteet. Tämänkaltaiset ihmiset puhuvat pahaa toisistaan ja tuomitsevat ja arvostelevat toisiaan. Näin kirkko jakaantuu eri ryhmiin.

Seitsemänneksi, eripuraisuus on sitä että ihmiset jakautuvat omiin ryhmiinsä ajatustensa perusteella. Jopa perheet jakaantuvat eripuran tähden ja tätä voi tapahtua myös kirkossakin. Daavidin poika, Absalom, petti ja erotti itsensä isästään omia himojaan seuraten. Hän kapinoi isäänsä vastaan tullakseen itse kuninkaaksi. Absalom koki lopulta kurjan kuoleman.

Kahdeksanneksi puhutaan lahkoista. Lahkojen syntyminen voi johtaa harhaoppiin. 2. Piet. 2:1 sanoo: *"Mutta myös valheprofeettoja oli kansan seassa, niinkuin teidänkin keskuudessanne on oleva valheenopettajia, jotka salaa kuljettavat sisään turmiollisia harhaoppeja, kieltävätpä Herrankin, joka on heidät ostanut, ja tuottavat itselleen äkillisen perikadon.* " Harhaoppisuus on Jeesuksen Kristuksen kieltämistä (1. Joh. 2:22-23; 4:2-3). Ihmiset sanovat uskovansa Jumalaan mutta kieltävät kolmiyhteisen Jumalan tai Jeesuksen Kristuksen joka lunasti meidät omalla verellään. Täten he ovat oman tuhonsa herroja. Raamattu kertoo meille selvästi että harhoppiset kieltävät Jeesuksen Kristuksen ja niin meidän ei pidä tuomita herkästi kolmiyhteisen Jumalan ja Jeesuksen Kristuksen hyväksyviä ihmisiä.

Yhdeksänneksi, kateus on sitä kun mustasukkaisuus kehittyy teoksi. Kateus on sitä että me tunnemme olomme epämukavaksi ja otamme muihin etäisyyttä ja vihaamme heitä jos he näyttävät olevan meitä jossakin parempia. Tämä kateus voi tuoda mukanaan myös monia muita harmillisia tekoja. Saul oli kateellinen omalle miehelleen Daavidille, sillä Daavid oli häntä rakastetumpi. Hän jopa yritti käyttää armeijaansa Daavidin tappamiseen ja hän hävitti Daavidin kätkeneen kaupungin papit ja kansan.

Kymmenenneksi puhutaan juomingeista. Nooa teki virheen juotuaan tulvan jälkeen veden sijasta viiniä ja tämä toi mukanaan kauheuden. Hän kirosi toisen poikansa, Haamin, joka oli paljastanut hänen virheensä.

Ef. 5:18 sanoo; *"Älkääkä juopuko viinistä, sillä siitä tulee irstas meno, vaan täyttykää Hengellä."* Jotkut sanovat että lasi viiniä on OK. Tämä on kuitenkin syntiä juoda itseään humalaan, oli sitten kyse yhdestä lasillisesta viiniä tai kahdesta. Juopuneet tekevät myös paljon syntiä ollessaan tilassa jossa he eivät kykene hillitsemään itseään.

Raamattu puhuu viinin juomisesta sillä Israelissa vedestä on pula ja niin Jumala salli heidän juovan veden sijasta viiniä, mikä on viinirypäleiden mehua tai vahvempaakin juomaa mikä on valmistettu sokeripitoisemmista hedelmistä (5. Moos. 14:26). Jumala ei kuitenkaan sallinut ihmisten juovan alkoholia (3. Moos. 10:9; 4. Moos. 6:3; Sananlaskut 23:31; Jer. 35:6; Daniel 1:8; Luuk.1:15; Room. 14:21). Jumala salli viinin juomisen vain rajoitetusti erityistapauksissa. Mutta vaikka kyseessä onkin vain hedelmämehusta saa se silti ihmiset humaltumaan jos he juovat sitä liian paljon. Tästä syystä Israelin kansa joi viinin sijaan vettä eivätkä he juoneet humaltuakseen tai nauttiakseen.

Lopulta, mässäily on alkoholista, naisista, uhkapelistä sekä muista himollisista asioista nauttimista ilman itsehillintää. Tämänkaltaiset ihmiset eivät voi täyttää ihmisten velvollisuuksiaan. Ilman itsehillintää oleminen on tavallaan mässäillyä. Sinä mässäilet jos sinä elät irstasta elämää oman halusi mukaan. Sinä et voi antaa sydäntäsi Jumalalle tai heittää syntejäsi pois jos sinä elät tämänkaltaista elämää annettuasi elämäsi Herralle, ja niin sinä et voi periä Jumalan kuningaskuntaa.

Mitä tarkoittaa että me emme voi periä Jumalan kuningaskuntaa

Me olemme tähän saakka keskustelleet lihan teoista. Miksi ihmiset sitten tekevät nätä lihan tekoja? Tämä johtuu siitä että he eivät ole kutsuneet Luojaa sydämeensä. Room. 1:28-32 sanoo: *"Ja niinkuin heille ei kelvannut pitää kiinni Jumalan tuntemisesta, niin Jumala hylkäsi heidät heidän kelvottoman mielensä valtaan, tekemään sopimattomia. He ovat täynnänsä kaikkea vääryyttä, pahuutta, ahneutta, häijyyttä, täynnä kateutta, murhaa, riitaa, petosta, pahanilkisyyttä; ovat korvaankuiskuttelijoita, panettelijoita, Jumalaa vihaavaisia, väkivaltaisia, ylpeitä, kerskailijoita, pahankeksijöitä, vanhemmilleen tottelemattomia, vailla ymmärrystä, luotettavuutta, rakkautta ja laupeutta; jotka, vaikka tuntevat Jumalan vanhurskaan säädöksen, että ne, jotka senkaltaisia tekevät, ovat kuoleman ansainneet, eivät ainoastaan itse niitä tee, vaan vieläpä osoittavat hyväksymistä niille, jotka niitä tekevät."*

Me emme voi periä Jumalan kuningaskuntaa jos me teemme lihan tekoja. Tämä ei tietenkään tarkoita sitä että emme voisi pelastua ainoastaan sen tähden että me olemme uskon heikkoudessa tehneet syntiä muutaman kerran.

Ei ole totta että tuoreet uskovat jotka eivät vielä tunne totuutta tai heikon uskon omaavat eivät voisi pelastua ainoastaan sen tähden että he eivät ole vielä heittäneet lihan tekoja pois. Kaikki ihmiset kantavat sisällään heikkouksia siihen saakka että heidän uskonsa kypsyy. He voivat kuitenkin saada syntinsä anteeksi kun he luottavat Herran vereen. He eivät voi kuitenkaan pelastua jos he jatkavat lihan tekojen tekemistä niistä pois kääntymättä.

Kuolemaan johtavia syntejä

1. Joh. 5:16-17 sanoo: *"Jos joku näkee veljensä tekevän syntiä, joka ei ole kuolemaksi, niin rukoilkoon, ja hän on antava hänelle elämän, niille nimittäin, jotka eivät tee syntiä kuolemaksi. On syntiä, joka on kuolemaksi; siitä minä en sano, että olisi rukoiltava. Kaikki vääryys on syntiä. Ja on syntiä, joka ei ole kuolemaksi."* Tämä kertoo meille että on syntejä jotka johtavat kuolemaan sekä syntejä jotka eivät johda kuolemaan.

Mitkä synnit sitten johtavat kuolemaan ja vievät meiltä oikeuden periä Jumalan kuningaskunnan?

Hepr. 10:26-27 sanoo: *"Sillä jos me tahallamme teemme syntiä, päästyämme totuuden tuntoon, niin ei ole enää uhria meidän syntiemme edestä, vaan hirmuinen tuomion odotus ja tulen kiivaus, joka on kuluttava vastustajat."* On Jumalan vastustamista jatkaa syntien tekemistä sen jälkeen kun me olemme tulleet tietoiseksi siitä että ne ovat syntejä. Jumala ei anna tämänkaltaisille ihmisille katumuksen henkeä.

Hepr. 6:4-6 puolestaan sanoo näin: *"Sillä mahdotonta on niitä, jotka kerran ovat valistetut ja taivaallista lahjaa maistaneet ja Pyhästä Hengestä osallisiksi tulleet ja maistaneet Jumalan hyvää sanaa ja tulevan maailmanajan voimia, ja sitten ovat luopuneet-taas uudistaa parannukseen, he kun jälleen itsellensä ristiinnaulitsevat Jumalan Pojan ja häntä julki häpäisevät."* Sinulle ei anneta katumuksen henkeä jos sinä vastustat Jumalaa sen jälkeen kun sinä olet kuullut totuudesta ja kokenut Pyhän Hengen tekoja, ja täten sinä et voi pelastua.

Sinä et voi myöskään pelastua jos sinä kiroat Pyhän Hengen teot paholaisen teoiksi tai harhaoppisuudeksi sillä tämä on Jumalan pilkkaamista ja Pyhän Hengen vastustamista (Matt. 12:31-32).

Meidän täytyy ymmärtää että on olemassa syntejä joita meidän ei pidä koskaan tehdä. Meidän pitää myös ymmärtää että jopa pienet synnit kasaantuvat suuremmiksi synneiksi, ja tämän tähden meidän tulee aina pysyä totuudessa joka hetki.

5. Jalostus

Ihmisten jalostus viittaa siihen prosessiin jonka kautta Jumala etsii itselleen uskollisia lapsia luomalla heidät tähän maailmaan ja hallitsemalla ihmiskunnan historiaa.

Maanviljelijät kylvävät siemeniä ja korjaavat sadon oman työnsä avulla. Myös Jumala kylvi ensimmäiset siemenet, Aatamin ja Eevan, tähän maailmaan korjatakseen uskollisten lapsien sadon, ja Hän on jalostanut ihmiskuntaa aina tähän päivään saakka. Jumala tiesi jo ennalta että ihmiset tulisivat olemaan niskoittelevia ja että Hän tulisi suremaan heidän kohtaloaan. Hän kuitenkin tulee jalostamaan ihmisiä aina aikojen loppuun saakka sillä Hän tietää että on olemassa uskollisia lapsia jotka tulevat heittämään pahuuden pois itsestään Jumalaa kohtaan tuntemansa rakkauden tähden ja jotka pyhittävät sydämensä Jumalalle.

Ihmiset on luotu maan tomusta ja niin myös heidän luonteensakin perustuvat maaperään. Siement versovat ja kasvavat hedelmiä kantaviksi puiksi jos ne kylvetään pellolle. Tämä kertoo meille että maaperällä on voima tuottaa uutta elämää. Maaperän luonne muuttuu myös sen mukaan mitä siihen lisätään. Sama koskeen ihmisiä. Usein kiivastuvat alkavat kantaa luonteessaan enemmän vihaa. Valheita usein kertovat alkavat kantamaan luonteessaan enemmän epätotuuksia. Aatamin tehtyä syntiä hän ja hänen jälkeläisensä muuttuivat lihan ihmisiksi ja

71

tulivat yhä suurenevassa määrin epätotuuden tahraamiksi.

Tästä syystä ihmisten täytyy jalostaa sydäntään ja löytää uudelleen hengen sydän 'ihmiskunnan jalostuksen' kautta. Loppujen lopuksi ihmiskuntaa jalostetaan tämän maan päällä jotta he jalostaisivat omia sydämiään ja löytäisivät sen puhtaan sydämen jonka Aatami omasi ennen lankeamistaan. Jumala on antanut meille Raamatussa ihmiskunnan jalostukseen liittyviä vertauskuvia niin että me voisimme ymmärtää Hänen suunnitelmaansa (Matt. 13; Mark. 4; Luuk. 8).

Matteuksen 13. luvussa Jeesus vertasi ihmisen sydäntä tienpenkereeseen, kiviseen peltoon, ohdakkeiseen peltoon sekä hyvään maaperään. Meidän tulee tutkiskella minkälaista maaperää me kannamme sydämessämme ja aurata sen Jumalan haluamaksi hyväksi maaperäksi.

Sydämen neljä eri maaperää

Tienpenger on kovaksi tallautunutta maaperää jonka päällä ihmiset ovat kävelleet kauan aikaa. Tienpenger ei itse asiassa ole peltoa ollenkaan eikä mikään siemen voi itää siinä. Tämä maaperä ei pidä sisällään työtä tai elämää.

Tienpientare viittaa hengellisesti sydämeen joka ei hyväksy evankeliumia. Tämä sydän on niin omahyväisyyden ja ylpeyden kovettama että siihen istutetun evankeliumin siemen ei pääse itämään. Jeesuksen aikaan juutalaisten johtajat olivat hyvin itsepäisiä omien mielipiteidensä ja traditioidensa suhteen ja niin he hylkäsivät Jeesuksen ja evankeliumin. Nykyään tienpenkereen kaltaisen sydämen omaavat ovat niin itsepäisiä että he eivät avaa mieltään vaan sen sijaan hylkäävät evankeliumin jopa silloin kun heille näytetään Jumalan voimaa.

Tien penger on erittäin kovaa ja siihen pudonneet siemenet eivät pääse maan sisälle. Linnut tulevat ja syövät nämä siemenet pois. Tässä linnut viittaavat Saatanaan. Saatana vie Jumalan Sanan pois niin että ihmiset eivät voi kasvaa uskossaan. He tulevat kirkkoon ihmisten kehotuksesta mutta he eivät halua uskoa Jumalan Sanaan mitä kirkossa saarnataan. Tämän sijaan he arvostelevat saarnaajia tai kuulemaansa sanomaa omien ajatustensa perusteella. Kovettuneen sydämen omaavat ihmiset jotka eivät avaa mieltään eivät saa helposti pelastusta osakseen sillä heissä olevan Sanan siemenen on vaikea kasvaa ja kantaa hedelmää.

Kallioinen pelto ei ole paljon tien pengertä parempi kasvualusta. Tien pientareen kaltaisen sydämen omaavalla henkilöllä ei ole mitään aikomusta ottaa Jumalan Sanaa vastaan mutta kallioisen maaperän kaltaisen sydämen omaava henkilö ymmärtää Hänen Sanansa sen kuullessaan. Kallioiseen maaperään kylvetyt siemenet versovat siihen mihin ne putoavat mutta ne eivät kuitenkaan voi kasvaa hyvin. Mark. 4:5-6 sanoo: *"Ja osa putosi kallioperälle, jossa sillä ei ollut paljon maata, ja se nousi kohta oraalle, kun sillä ei ollut syvää maata. Mutta auringon noustua se paahtui, ja kun sillä ei ollut juurta, niin se kuivettui."*
Kallioperän kaltaisen sydämen omaavat ihmiset ymmärtävät

kyllä Jumalan Sanaa mutta he eivät pysty hyväksymään sitä uskossa. Mark. 4-17 sanoo: *"...mutta heillä ei ole juurta itsessään, vaan he kestävät ainoastaan jonkun aikaa; kun sitten tulee ahdistus tai vaino sanan tähden, niin he kohta lankeavat pois."* Tässä 'sana' viittaa' Jumalan Sanaan joka kehottaa meitä esimerkiksi pyhittämään lepopäivän, maksamaan kymmenyksemme, pidättäytymään epäjumalien palvonnasta, palvelemaan muita ja nöyrtämään itsemme. Kuunnellessaan Jumalan Sanaa he luulevat pitävänsä Jumalan Sanan mutta kohdatessaan vaikeuksia he menettävät päättäväisyytensä. He iloitsevat nauttiessaan Jumalan armosta mutta vaikeuksien edessä heidän asenteensa muuttuvat. He ovat kuulleet ja he tuntevat Jumalan Sanan mutta he eivät omaa tarpeeksi voimaa elääkseen sen mukaisesti sillä Hänen Sanansa ei ole tullut istutetuksi heidän sydämiinsä vahvaksi uskoksi.

Kolmanneksi, ohdakkeisen pellon kaltaisen sydämen omaavat henkilöt ymmärtävät Jumalan Sanan ja alkavat elää sen mukaisesti. He eivät voi kuitenkaan elää täysin Jumalan Sanan mukaisesti eikä heidän sydämensä kanna kaunista hedelmää. Mark. 4:19 sanoo: *"...mutta maailman huolet ja rikkauden viettelys ja muut himot pääsevät valtaan ja tukahuttavat sanan, ja se jää hedelmättömäksi."*

Tämänkaltaisen sydämen omaavat näyttävät ulospäin hyviltä Jumalan Sanan mukaisesti eläviltä uskovilta mutta he kuitenkin kokevat yhä koettelemuksia ja vaikeuksia ja heidän hengellinen kasvunsa on hidasta. Tämä johtuu siitä että maailmallisten murheiden ja himojen takia he eivät koe Jumalan tekoja elämässään. Kuvittele esimerkiksi että tämänkaltaisen ihmisten liikeyritys on menossa konkurssiin ja heitä itseään uhkaa velkavankeus. Tässä tilanteessa on todennäköistä että he antavat periksi kiusaukselle jos he kokevat että he pystyisivät maksamaan velkansa pois pienen huijauksen avulla ja Saatana houkuttelee heitä näin tekemään. Jumala pystyy auttamaan näitä henkilöitä vasta sitten kun he kulkevat vanhurskaudessa kaikista vaikeuksistaan huolimatta mutta he kuitenkin alistuvat Saatanan kiusauksille.

Tämänkaltaiset henkilöt eivät pysty noudattamaan Jumalan Sanaa uskossa siitä huolimatta että he ehkä näin haluaisivatkin. Tämä johtuu siitä että heidän päänsä ovat täynnä ihmisten ajatuksia. Rukouksissaan he kyllä jättävät kaiken Jumalan käsiin mutta oikeasti he nojaavat ensin omiin kokemuksiinsa ja teorioihinsa. He asettavat omat ajatuksensa ensimmäiseksi ja niin heidän asiansa eivät suju hyvin vaikka niin aluksi saattaakin näyttää. Jaak. 1:8 kuvaa näitä ihmisiä kaksimielisiksi.

Näiden ohdakkeiden ollessa vain muutaman verson tasolla ei niistä näytä olevan mitään haittaa. Niiden kuitenkin kasvaessa kaikki muuttuu. Näistä versoista muodostuu pensan joka estää muiden siementen kasvun. Tämän tähden meidän tulee repiä irti juurineen kaikki mikä saattaa estää meitä noudattamasta Jumalan Sanaa, oli tämä asia sitten kuinka vähäpätöisen tuntuinen tahansa.

Neljänneksi, hyvä maaperä on hedelmällistä ja hyvin aurattua.

Kovettunut maaperä aurataan ja siinä olevat kivet ja ohdakkeet poistetaan. Tämä tarkoittaa sitä että sinä pidättäydyt tekemästä Jumalan kieltämiä asioita ja heität pois asiat mitä Hän käskee sinua heittämään pois. Kivien ja muiden esteiden puuttuessa tämänkaltainen maaperä tuottaa 30-, 60-tai 100-kertaisen sadon kun Jumalan Sana siihen lankeaa. Tämänkaltaisten ihmisten rukouksiin vastataan.

Me voimme tarkastella kuinka hyvin me noudatamme Jumalan Sanaa nähdäksemme kuinka hyvää meidän sydämemme maaperä on. Mitä paremmaksi sinä olet sydämesi maaperää jalostanut sitä helpompaa sinulle on elää Jumalan Sanan mukaisesti. Jotkut ihmiset tuntevat Hänen Sanansa mutta he eivät voi panna sitä käytäntöön koska he ovat väsyneitä tai laiskoja tai heissä olevien epärehellisten ajatusten tai halujen tähden. Sydämessään hyvää maaperää kantavilla ihmisillä ei ole näitä esteitä ja niin he saattavat ymmärtää ja noudattaa Jumalan Sanaa heti kun he sitä kuulevat. He toimivat heti oikeanlaisesti kuullessaan että jokin on Jumalan tahto ja Häntä miellyttävää.

Jalostaessasi sydäntäsi sinä alat pitämään ihmisistä jotka olivat ennen sinun vihasi kohteita. Sinä voit antaa anteeksi ihmisille joille sinä et aikaisemmin voinut näin tehdä. Kateus ja arvostelu muuttuu rakkaudeksi ja armoksi. Kopea mieli muuttuu nöyryydeksi ja palvelukseksi. Voidaksesi heittää pahuuden tällä tavalla pois sinun pitää ympärileikata sydämesi voidaksesi jalostaa sydämesi hyväksi maaperäksi. Tällöin Jumalan Sanan siemen langetessa hyvään maaperään se itää ja kasvaa nopeasti kantaen runsaasti Pyhän Hengen yhdeksää hedelmää sekä kirkkauden hedelmiä.

Sinä saat lisäksi taivaasta hengellistä uskoa kun sinun sydämesi maaperää muuttuu hyväksi. Sinä voit lisäksi rukoilla palavasti tuodaksesi maahan Jumalan voimaa, kuullakseski Pyhän Hengen ääntä kirkkaasti ja täyttääksesi Jumalan tahdon. Tämänkaltaiset ihmiset ovat senkaltaisia hedelmiä joita Jumala haluaa ihmisten jalostuksen kautta korjata.

Astian laatu: Sydämen maaperä

Yksi tärkeä tekijä sydämemme jalostuksessa on astian laatu. Astian laatu liittyy astian materiaalin piirteisiin. Tämä kertoo meille kuinka henkilö kuuntelee Jumalan Sanaa, pitää sen mielessään ja on sille kuuliainen. Raamattu puhuu kultaisesta, hopeisesta, puisesta sekä savisesta astiasta (2. Tim. 2:20-21).

Kaikki nämä henkilöt kuuntelevat samaa Jumalan Sanaa mutta he kuulevat sitä eri tavalla. Osa heistä hyväksyy Sanan sanoen vain "Aamen" kun taas toiset jättävät sen huomiotta jos se ei sovi yhteen heidän omien ajatustensa kanssa. Osa kuuntelee Sanaa vilpittömin sydämin yrittäen elää sen mukaisesti kun taas toiset tuntevat olevansa siunattuja kun he kuulevat Sanaa mutta silti unohtavat sen sanoman pian tämän jälkeen.

Nämä erot johtuvat astian piirteiden erosta. Jumalan Sana kylvetään sinun sydämeesi eri tavalla jos sinä keskityt siihen kuin jos sinä kuuntelet sitä huolimatta ja välinpitämättömästi.

Sinä voit kuunnella samaa sanomaa jonkun toisen kanssa mutta riippuen siitä pidätkö sinä tämän sydämessäsi vai kuunteletko sitä välinpitämättömästi sen vaikutus tulee olemaan täysin erilainen. Apt. t. 17:11 sanoo: *"Nämä olivat jalompia kuin Tessalonikan juutalaiset; he ottivat sanan vastaan hyvin halukkaasti ja tutkivat joka päivä kirjoituksia, oliko asia niin."* Hepr. 2:1 taas sanoo *"Sentähden tulee meidän sitä tarkemmin ottaa vaari siitä, mitä olemme kuulleet, ettemme vain kulkeutuisi sen ohitse."*

Me voimme sanoa että sinä omaat hyvän astian piirteitä jos sinä kuuntelet Jumalan Sanaa tunnollisesti ja noudatat sitä elämässäsi. Hyvän astian kaltaiset ihmiset ovat kuuliaisia Sanalle ja niin he voivat jalostaa sydämensä hyväksi maaperäksi sangen nopeasti. Luonnollisesti he tällöin myös pitävät Jumalan Sanan sydämensä syvyydessä ja elävät ainoastaan sen mukaisesti.

Astian hyvät piirteet auttavat maaperän jalostusta ja hyvä maaperä auttaa astian piirteiden jalostusta. Luuk 2:19 sanoo: *"Mutta Maria kätki kaikki nämä sanat ja tutkisteli niitä sydämessänsä."* Neitsyt Maria omasi hyvän astian Jumalan Sanan pitämiseen sydämessään ja niin häntä siunattiin hedelmöitymään Pyhästä Hengestä.

1. Kor. 3:9 sanoo: *"Sillä me olemme Jumalan työtovereita; te olette Jumalan viljelysmaa, olette Jumalan rakennus."* Me olemme se pelto jota Jumala viljelee. Me voimme omata hyvän maaperän kaltaisen sydämen sekä kultaisen maljan kaltaisen astian ja tulla Jumalan käyttämäksi jos me vain kuuntelemme

Hänen sanaansa ja pidämme siitä kiinni sekä mielessämme että myös käytännössä.

Sydämen laatu: Astian koko

On myös toinen asia mikä liittyy astian laatuun. Tämä on se kuinka paljon henkilö laajentaa ja käyttää sydäntään. Astian piirteet liittyvät siihen minkälaisesta materiaalista astia muodostuu kun taas sydämen laatu riippuu siitä kuinka suuri se on. Tässä sydämet voidaan jakaa neljään luokkaan.

Ensimmäiseen luokkaan kuuluvat ne jotka tekevät enemmän kuin mitä heidän pitää. Tämä on parhaimman laatuinen sydän. Vanhemmat voivat esimerkiksi pyytää lapsiaan nostamaan lattialta roskia. Lapset voivat tämän tehtyään siivota koko huoneen. Heidän tekonsa ylittävät sen mitä heidän vanhempansa heiltä pyysivät ja niin he tuottavat vanhemmilleen iloa. Stefanus ja Filippus olivat vain diakoneja mutta he olivat yhtä uskollisia ja pyhiä kuin apostolit. Tämä oli suuri ilo Jumalan silmissä ja he tekivät suuria ja voimallisia merkkejä ja ihmeitä.

Toiseen kategoriaan kuuluvat ne jotka tekevät ainoastaan sen mitä heidän pitää tehdä. Nämä ihmiset ottavat vastuun itsestään ja omista teoistaan mutta he eivät välitä muista tai omasta ympäristöstään. Jos heidän vanhempansa pyytävät heitä nostamaan lattialta roskan he kyllä tekevät sen mutta eivät mitään muuta. He saattavat saada tunnustusta kuuliaisuudestaan mutta he eivät voi tulla suureksi ilolle Jumalalle. Osa uskovista lankeaa tähän kategoriaan myös kirkossakin. He täyttävät velvollisuutensa mutta eivät juuri välitä muista asioista. Nämä ihmiset eivät voi juurikaan olla suuri ilo Jumalan silmissä.

Kolmanteen kategoriaan kuuluvat ne jotka tekevät sen mitä heidän pitää tehdä velvollisuudesta. He eivät täytä velvollisuuksiaan ilolla ja kiitollisuudessa vaan valittaen ja nuristen. Nämä ihmiset ovat kaikessa negatiivisia ja he ovat kitsaita uhraamaan itsensä ja auttamaan toisia. Jos heille annetaan jokin tehtävä he kyllä täyttävät sen velvollisuudentuntoisesti mutta he todennäköisesti tekevät muiden olon vaikeaksi. Jumala katsoo meidän sydämeemme. Jumala on iloinen kun me täytämme velvollisuutemme omata tahdostamme rakkaudessamme Häntä kohtaan sen sijaan että me tunnemme että me olemme siihen pakotettuja velvollisuudessamme.

Neljänteen kategoriaan kuuluvat pahaa tekevät ihmiset. Tämänkaltaiset ihmiset eivät tunne vastuuta tai velvollisuutta. He eivät myöskään ota muita ihmisiä huomioon. He pitävät kiinni omista mielipiteistään ja teorioistaan ja tekevät muiden olon hankalaksi. Jos tämänkaltaiset ihmiset ovat pastoreita tai muista kirkon jäseniä huolehtivia johtajia he eivät voi pitää muista huolta rakkaudella ja niin he menettävät sieluja tai antavat niiden kompastella. Nämä ihmiset syyttävät aina muita kun jokin menee vikaan ja lopulta he luopuvat velvollisuuksistaan. Tästä syystä on parempi että heille ei anneta mitään velvollisuuksia alun perinkään.

Tarkistelkaamme seuraavaksi minkälaisen sydämen me omaamme. Me voimme muuttaa sydämemme laajemmaksi vaikka se ei olisikaan tarpeeksi suuri. Voidaksemme tehdä niin meidän pitää pyhittää sydämemme ja omata hyvän astian piirteitä. Me emme voi omata hyvän sydämen piirteitä jos me olemme huonon astian laatuisia. Itsemme uhraaminen omistautuen ja intohimoisesti jokaisen työn tekeminen on sydämen hyvän luonteen jalostamista.

Hyvän luonteen omaavat ihmiset voivat tehdä suuria asioita Jumalan edessä ja he voivat tuottaa Jumalalle suuresti kunniaa. Näin oli myös Joosefin kohdalla. Joosef myytiin Egyptiin hänen omien veljiensä toimesta ja hänestä tuli faaraon henkivartijakaartin päällikön, Potifarin, orja. Hän ei kuitenkaan surenut elämäänsä ainoastaan sen tähden että hänet myytiin orjaksi. Hän täytti velvollisuutensa niin uskollisesti että hänen isäntänsä alkoi luottamaan häneen ja hänet asetettiin koko hänen isäntänsä talouden johtoon. Myöhemmin hänet vangittiin valheellisten syytösten johdosta mutta tämä ei kuitenkaan vaikuttanut siihen kuinka uskollisesti hän täytti velvollisuutensa. Lopulta Joosefista tuli koko Egyptin pääministeri ja hän pystyi pelastamaan koko maansa ja perheensä ankaralta kuivuudelta sekä luomaan Israelin maan perustamisen perustukset.

Joosef olisi tehnyt vain mitä hänen isäntänsä käski jos hän ei olisi omannut hyväluonteista sydäntä. Hän olisi tällöin päätynyt kuolemaan orjana Egyptissä tai elämään vankilassa. Jumala kuitenkin käytti Joosefia suuriin tekoihin sillä hän teki parhaansa Jumalan silmissä kaikissa olosuhteissa ja hänen sydämensä oli suuri.

Jyviä vai akanoita?

Jumala on jalostanut ihmisiä jo kauan aikaa tässä fyysisessä maailmassa Aatamin lankeamuksesta lähtien. Oikean hetken koittaessa Hän tulee erottamaan jyvät akanoista ja tuomaan jyvät taivaalliseen kuningaskuntaan ja heittämään akanat helvettiin. Matt. 3:12 sanoo: *"Hänellä on viskimensä kädessään, ja hän puhdistaa puimatanterensa ja kokoaa nisunsa aittaan, mutta ruumenet hän polttaa sammumattomassa tulessa."* Tässä jyvät viittaavat Jumalaa rakastaviin ihmisiin jotka elävät Hänen Sanalleen kuuliaisesti totuudessa. Ihmiset jotka taas eivät elä Jumalan Sanan mukaisesti vaan tämän sijaan harjoittavat pahuutta totuudesta välittämättä sekä ihmiset jotka eivät hyväksy Jeesusta Kristusta lihan tekoja tehden kuuluvat akanoihin.

Jumala haluaa kaikkien olevan jyvien kaltaisia ja tulevan pelastetuksi (1. Tim. 2:4). Samalla tavalla maanviljelijät haluaisivat mielellään korjata kaikki pellolle kylvämänsä siemenet. Sadonkorjuun aikana löytyy kuitenkin aina akanoita ja samalla tavalla ihmiskunnan jalostuksen aikana kaikki eivät muutu pelastettaviksi jyviksi.

Me emme kenties kaikki ymmärrä tätä ihmiskunnan jalostuksen periaatetta ja me saatamme ihmetellä seuraavasti: "Sanotaan että Jumala on rakkaus. Miksi Hän sitten

pelastaisi osan ihmisistä ja sallisi toisten langeta tuhoon?"
Henkilökohtainen pelastus ei ole kuitenkaan Jumalan
päätettävissä Hänen oman halunsa mukaisesti. Tämä riippuu
jokaisen henkilön omasta vapaasta tahdosta. Jokainen fyysisessä
tilassa elävä henkilö joutuu valitsemaan joko taivaan tai helvetin.
Jeesus sanoi Matteuksen jakeessa 7:21 näin: *"Ei jokainen,
joka sanoo minulle: 'Herra, Herra!', pääse taivasten
valtakuntaan, vaan se, joka tekee minun taivaallisen Isäni
tahdon."* Matt. 13:49-50 taas sanoo: *"Näin on käyvä maailman
lopussa; enkelit lähtevät ja erottavat pahat vanhurskaista
ja heittävät heidät tuliseen pätsiin; siellä on oleva itku ja
hammasten kiristys."*

Tässä 'vanhurskaus' viittaa uskoviin. Tämä tarkoittaa sitä
että Jumala tulee erottamaan jyvät akanoista myös uskovien
keskuudessa. Henkilö voi olla seuraamatta Jumalan tahtoa siitä
huolimatta että hän on hyväksynyt Jeesuksen Kristuksen ja että
hän käy kirkossa. Tämänkaltainen henkilö on ainostaan helvetin
tuleen heitettävä akana.

Jumala opettaa meille Raamatun kautta Luojan sydämestä,
ihmiskunnan jalostuksesta sekä elämän oikeasta tarkoituksesta.
Hän haluaa meidän jalostavan itseämme hyväksi astiaksi ja
omaavan hyvän sydämen Jumalan uskollisena lapsena. Hän haluaa
meidän olevan taivaallisen kuningaskunnan jyviä. Mutta kuinka
moni ihminen kuitenkin jahtaa tämän syntiä ja laittomuutta
täynnä olevan maailman merkityksettämiä asioita? Tämä johtuu
siitä että nämä ihmiset ovat heidän sielujensa johdattelemia.

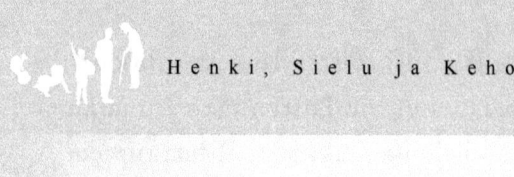

Henki, Sielu ja Keho I

Osa 2

Sielun muodostuminen

(Kuinka sielu toimii fyysisessä tilassa)

Mistä ihmisten ajatukset tulevat?

Kukoistaako minun sieluni?

"Me hajotamme maahan
järjen päätelmät ja jokaisen varustuksen,
joka nostetaan Jumalan tuntemista vastaan,
ja vangitsemme jokaisen ajatuksen kuuliaiseksi Kristukselle
ja olemme valmiit rankaisemaan kaikkea tottelemattomuutta,
kunhan te ensin olette täysin kuuliaisiksi tulleet."
- 2. Korinttolaiskirje 10:5-6

Luku 1
Sielun muodostuminen

Sielu on ollut ihmisten isäntä siitä saakka kun ihmisen henki kuoli.
Tämä tulee jatkumaan niin kauan kun me olemme tässä fyysisessä tilassa.
Sielu joutui Saatanan vaikutusvallan alaiseksi
ja ihmisten sielu alkoi täyttää useita erilaisia tehtäviä.

1. Sielun määritelmä

2. Sielun tehtäviä fyysisessä maailmassa

3. Pimeys

M e voimme nähdä kuinka ihmeellinen Jumalan luomistyö on katsellessamme kuinka esimerkiksi lepakot löytävät saaliinsa kaikuluotaamisen avulla tai kuinka lohet tai erilaiset linnut matkustavat tuhansia kilometrejä syntypaikkaansa lisääntymään tai kuinka tikat nakuttavat puunrunkoa melkein tuhat kertaa minuutissa.

Ihminen on luotu hallitsemaan kaikkia näitä olentoja. Ihmisten fyysinen olemus ei ole yhtä voimakas kuin esimerkiksi leijonien tai tiikereiden. Meidän kuulo- tai hajuaistimme eivät myöskään ole yhtä tarkkoja kuin koirien vastaavat aistit mutta tästä huolimatta meitä kutsutaan luomakunnan herroiksi.

Tämä johtuu sitä että ihminen omaa hengen sekä korkea-asteisempaan aivotomintaan perustuvaa päättelykykyä. Ihminen omaa älykkyyttä ja hän voi kehittää tieteitä ja sivilisaatioita kaiken hallitsemiseksi. Tätä ihmisen ajattelevaa osaa kutsutaan 'sieluksi.'

1. Sielun määritelmä

'Sielu' muodostuu aivojen muistikeskuksesta, muistiin sisältyvästä tietoudesta sekä ajatuksista jotka muodostuvat kun me noudamme aivoistamme tietoutta.

Meidän pitää ymmärtää selvästi hengen, sielun ja kehon väliset suhteet voidaksemme ymmärtää kunnolla kuinka sielu toimii. Kun me pystymme tähän me voimme omata sielun joka toimii niinkuin Jumala sen haluaa toimivan. Meidän henkemme pitää olla meidän isäntämme ja sen pitää hallita meidän sieluamme jotta Saatana ei voi pääse hallitsemaan meitä sielumme kautta.

The Merriam-Webster's Dictionary määrittelee sielun seuraavasti: "Materiaaliton olennaisin, elävöivä periaate; ihmisissä, kaikissa rationaalisissa ja hengellisissä olennoissa tai maailmankaikkeudessa oleva hengellinen periaate." Sielun raamatullinen merkitys kuitenkin eroaa näistä. Jumala asetti ihmisten aivoihin muistisysteemin. Yksi aivojen tehtävistä on muistaa asioita. Tällä tavalla ihmiset voivat säilöä tietoutta muistisysteemiinsä ja noutaa sitä tarvittaessa. Kun muistisysteemistä noudetaan asioita näitä asioita kutsutaan 'ajatuksiksi.' Tämä tarkoittaa sitä että ajatukset ovat muistisysteemiin tallennettujen asioiden noutamista ja muistamista. Itse muistisysteemi, siihen tallennettu tietous sekä tämän tietouden noutaminen muodostavat yhdessä 'sielun.'

Ihmisten sielua voidaan verrata tiedon tallentamiseen,

etsimiseen ja käyttämiseen tietokoneissa. Ihmiset omaavat sielun jotta he voisivat muistaa sekä ajatella ja niin sielu on ihmisille yhtä tärkeä kuin sydän.

Yksilöllinen muistikyky sekä älykkyys riippuu siitä kuinka paljon asioita ihminen on nähnyt ja tallentanut sekä siitä kuinka hyvin hän tätä tietoutta muistaa ja pystyy käyttämään. Älykkyysosamäärä eli ÄÖ riippuu paljolti henkilön perimästä mutta siihen vaikuttavat myös sellaiset asiat kuin opiskelu ja kokemus. Syntymänsä hetkellä saman ÄÖ:n omanneet henkilöt voivat kasvattaa sitä eri tavalla sen mukaan kuinka paljon he yrittävät aivojaan muokata.

Sielun toiminnan tärkeys

Sielu toimii eri tavalla sen mukaan minkälaista sisältöä me laitamme muistisysteemiin. Ihmiset näkevät, kuulevat ja tuntevat asioita joka päivä ja useat näistä tuntemuksista jäävät muistoiksi muistisysteemiin. Myöhemmin he muistavat näitä asioita kun he suunnittelevat tulevaisuutta tai yrittävät päättää onko jokin oikein tai väärin.

Keho on kuin astia tai malja joka pitää sisällään hengen ja sielun. Sielulla on tärkeä rooli ihmisen luonteen, persoonallisuuden ja arvostelukykyn muodostumisessa 'ajattelun' kautta. Henkilön menestys tai epäonnistuminen riippuu pitkälti siitä kuinka henkilön sielu toimii.

Seuraavaksi me puhumme vuonna 1920 110 kilometriä

Kolkatasta lounaaseen sijainneessa Kodamuri-nimisessä kylässä tapahtuneista tapahtumista. Pastori Singh oli vaimoineen tässä kylässä lähetyssaarnaajana kun he kuulivat kuinka kyläläiset puhuivat ihmismuodossa olevista hirviöistä jotka asuivat susien kanssa samassa luolassa. Pastori Singh otti nämä hirviöt kiinni ja totesi kyseessä olevan kaksi tyttöä.

Pastori Singhin päiväkirjan mukaan nämä kaksi tyttöä olivat ihmisiä ainoastaan fyysisesti. He käyttäytyivät kaikessa susien kaltaisesti. Toinen tytöistä kuoli pian kiinnijäämisensä jälkeen mutta toinen heistä nimettiin Gamaraksi ja hän asui Singhien kanssa yhdeksän vuoden ajan. Lopulta hän kuoli uremiaksi kutsuttuun verenmyrkytykseen.

Päivisin Gamara tuijotti seinää pimeässä huoneessa ja hän torkahteli pysyen samalla täysin liikkumattomana. Öisin hän kuitenkin ryömi ympäri taloa ja ulvoi niin kovaa että lähimatkan päässä olevat sudet kuulivat hänen äänensä. Hän söi ruokansa nuolemalla käyttämättä käsiään. Hän juoksi ympäriinsä neljän "käpälän" varassa kuin sudet ikäänsä. Toisten lasten lähestyessä häntä Gamara paljasti hampaansa ja poistui paikalta muristen.

Singhin pariskunta yritti muuttaa tämän suden ihmiseksi mutta tämä ei kuitenkaan ollut helppoa. Kesti kolme vuotta ennenkuin Gamara alkoi syödä käsillään ja viisi vuotta ennenkuin hän alkoi osoittaa surun tai ilon tuntemuksia kasvojensa ilmeillä. Kuolemansa aikana Gamara pystyi ilmaisemaan vain erittäin yksinkertaisia perustunteita aivan kuten koirat jotka heiluttavat häntäänsä ilosta kohdatessaan isäntänsä.

Tämä tarina kertoo meille että ihmisen sielu auttaa tekemään ihmisistä ihmisiä. Gamara kasvoi susien käytöstä seuraten. Hän ei pystynyt säilömään ihmisten tarvitsemaa tietoutta ja niin hänen sielunsa ei pystynyt kehittymään. Hän oli susien kasvattama ja niin hän ei voinut muuta kuin käyttäytyä susien tavoin.

Ihmisten ja eläinten välinen ero

Ihmiset muodostuvat hengestä, sielusta ja kehosta. Ihmisten henki on Jumalan antamaa eikä sitä voida sammuttaa. Keho kuolee ja palaa kouralliseksi tomua mutta henki ja sielu säilyvät ja menevät joko taivaaseen tai helvettiin.

Luodessaan eläimet Jumala ei puhaltanut niihin elämän henkäystä kuten ihmisiin ja niin eläimet muodostuvat ainoastaan kehosta ja sielusta. Myös eläimillä on aivoissaan muistisysteemi. Ne voivat muistaa mitä ne ovat nähneet ja kuulleet elämänsä aikana. Niillä ei kuitenkaan ole henkeä ja niin ne eivät omaa hengellistä sydäntä. Niiden näkemät ja kuulemat asiat jäävät ainoastaan niiden aivosolujen muodostamiin muistisysteemeihin.

Saarnaaja 3:21 sanoo: *"Kuka tietää ihmisen hengestä, kohoaako se ylös, ja eläimen hengestä, vajoaako se alas maahan?"* Jae puhuu 'ihmisen hengestä.' Sana 'henki' edustaa ihmisen sielua ja jae käyttää tätä sanaa sillä Vanhan testamentin aikoina ennen Jeesusta ihmisissä oleva henki oli 'kuollutta.' Ihmisten kuollessa sanottiin että heidän 'henkensä' tai 'sielunsa' jätti heidät siitä huolimatta menikö kyseinen henkilö taivaaseen tai helvettiin. 'Kohoava sielu' tarkoittaa että sielu ei katoa vaan menee joko taivaaseen tai helvettiin. Eläinten sielu taas vajoaa maahan mikä tarkoittaa että se katoaa pois. Eläinten kuollessa niiden aivosolut kuolevat ja niiden aivoissa olevat asiat katoavat. Niiden sielut lakkaavat toimimasta. On myyttejä joissa mustat kissat tai käärmeet kostavat ihmisiä vastaan mutta näitä tarinoita ei tule pitää totena.

Eläinten sielut omaavat kyllä toimintoja mutta nämä toiminnot rajoittuvat sellaisiin jotka ovat välttämättömiä niiden eloonjäämiselle. Tämä on vaiston lopputulos. Ne pelkäävät vaistomaisesti kuolemaa. Ne saattavat vastustella tai näyttää pelkonsa jos niitä uhataan mutta ne eivät voi koskaan pelastua. Eläimillä ei ole henkeä ja niin ne eivät voi koskaan etsiä Jumalaa. Pohtivatko kalat kuinka kohdata Jumala samalla kun ne uivat? Ihmisten sielu puolestaan omaa täysin erilaisia sielun toimintojen ulottuuvuuksia mitkä ovat paljon eläinten toimintoja monimutkaisempia. Ihminen pystyy ajattelemaan asioita jotka eivät ole pelkästään vaistoihin perustuvia eloonjäämisen ajatuksia. Ihmiset voivat kehittää siviilisaatioita, ajatella elämän merkitystä tai kehitellä filosofisia tai uskonnollisia ajatuksia.

Ihmisten sielu toimii ylemmällä tasolla sillä heille on annettu kehon ja sielun lisäksi myös henki. Myös ihmiset jotka eivät usko Jumalaan omaavat hengen. Tämä selittää kuinka tämänkaltaiset ihmiset voivat aistia epämääräisesti hengellisen maailman ja pelätä kuolemanjälkeistä elämää. Koska heidän henkensä on kuin kuollut he ovat täysin heidän sielujensa hallitsemia. Sielun alaisena he tekevät syntiä ja lankeavat lopulta tämän johdosta helvettiin.

Sielun ihminen

Aatami luotiin Jumalan kanssa kommunikoivaksi hengelliseksi olennoksi. Hänen henkensä oli hänen isäntänsä kun taas hänen sielunsa oli kuin tätä henkeä totteleva palvelija. Tietenkin sielulla oli omat ajattelemisen ja muistamisen tehtävät mutta koska se seurasi ainoastaan Jumalan Sanaa noudattavan hengen ohjeita siinä ei ollut lainkaan epätotuutta tai pahoja ajatuksia.

Aatami kuitenkin söi hyvä- ja pahantiedon puusta mikä johti hänen henkensä kuolemaan. Tästä lähtien Aatami oli Saatanan hallitsema sielun ihminen. Hän alkoi säilöä muistiinsa epätotuuden ajatuksia ja tekoja. Tästä lähtien ihmiset alkoivat loitontaa itseään totuudesta yhä enenevämmässä määrin sillä Saatana hallitsi heidän sieluaan ja johdatti heidät epätotuuden tielle. Tämän tähden sielun ihmiset ovat ihmisiä joiden henki on kuollut ja jotka eivät kykene saamaan Jumalalta hengen tietoutta.

Kuolleen hengen omaavat sielun ihmiset eivät voi saada pelastusta. Näin kävi alkukirkon aikana Ananiaksen ja Safiran tapauksessa. He uskoivat Jumalaan mutta eivät omanneet todellista uskoa. Saatana houkutteli heidät valehtelemaan

Jumalalle ja Pyhälle Hengelle. Mitä heille sitten tapahtui? Apt. t 5:4-5 sanoo: *"'Eikö se myymätönnä ollut sinun omasi, ja eikö myynnin jälkeenkin sen hinta ollut sinun? Miksi päätit sydämessäsi tämän tehdä? Et sinä ole valhetellut ihmisille, vaan Jumalalle.' Kun Ananias kuuli nämä sanat, kaatui hän maahan ja heitti henkensä. Ja suuri pelko valtasi kaikki, jotka sen kuulivat."*

Me voimme päätellä tästä että Ananias ei pelastunut sillä kohta sanoo että hän 'heitti henkensä.' Stefanus puolestaan oli hengen mies joka noudatti Jumalan tahtoa. Hän omasi suurta rakkautta jonka voimin hän rukoili jopa häntä kivittävien ihmisten puolesta. Hän uskoi 'henkensä' Herran käsiin marttyyriutensa hetkellä.

Apt. t. 7:59 sanoo: *"Ja niin he kivittivät Stefanuksen, joka rukoili ja sanoi: 'Herra Jeesus, ota minun henkeni!'"* Hän sai Pyhän Hengen ottamalla Jeesuksen Kristuksen vastaan ja hänen henkensä virkosi tämän taapahtuessa. Hän rukoili: "..ja ota minun sieluni." Tämä tarkoittaa että Stefanus pelastui. On myös jae joka puhuu 'elämästä' 'hengen' tai 'sielun' sijaan. Tämä jae kertoo siitä kuinka Elia herätti Sarepa-lesken pojan takaisn henkiin ja sanoo että pojan elämä palasi häneen. *"Ja Herra kuuli Eliaa, ja pojan sielu tuli häneen takaisin, ja hän virkosi henkiin"* (1. Kun. 17:22).

Kuten sanottua, Vanhan testamentin aikoina ihmiset eivät saaneet osakseen Pyhää Henkeä ja niin heidän henkensä eivät voineet virvota. Tämän tähden Raamattu ei puhu tässä kohdassa 'hengestä' vaikka poika tulikin pelastetuksi.

Miksi Jumala käski tuhoamaan amalekialaiset?

Israelin kansan marssiessa Egyptistä kohti Kanaanin maata he kohtasivat heidän tiellään seisovan Amalekian armeijan. Nämä amalekialaiset eivät pelänneet Israelin kansan kanssa seisovaa Jumalaa edes sen jälkeen kun he kuulivat minkälaisia suuria tekoja Hän oli Egyptissä tehnyt. He hyökkäsivät Israelin kansakunnan jälkijunan kimppuun näiden ollessa väsyneitä ja heikkoja (5. Moos. 25:17-18).

Jumala käski kuningas Saulia tuhoamaan kaikki amalekialaiset tämän takia (1. Samuel luku 15). Jumala käski heitä tappamaan kaikki miehet, naiset ja lapset, vanhat ja nuoret ja jopa heidän karjansa.

Me emme voi ymmärtää tämänkaltaista käskyä jos me emme ymmärrä henkeä. Me voimme kysyä miksi Jumala antoi tämänkaltaisen käskyn tappaa ihmisiä kuin he olisivat eläimiä jos Hän on kerran hyvä ja itse rakkaus.

Me voimme kuitenkin ymmärtää miksi Jumala antoi tämän käskyn jos me ymmärrämme tämän tapahtuman hengellisen merkityksen. Eläimet ovat kykeneväisiä muistamaan joten ne pystyvät muistamaan ja olemaan isännilleen kuuliaisia jos niitä on koulutettu tarpeeksi. Ne eivät kuitenkaan omaa henkeä ja niin ne palaavat kouralliseksi tomua. Eläimillä ei ole arvoa Jumalan silmissä. Samalla tavalla ihmiset joiden henki on kuollut ja jotka eivät voi pelastua tulevat lankeamaan helvettiin eikä heillä hengettömien eläinten tavoin ole arvoa Jumalan silmissä tämän jälkeen. Amalekialaiset olivat itse kavalia ja julmia luonteeltaan. Huolimatta siitä kuinka paljon aikaa heille oli annettu he eivät katuneet tai kääntyneet synneistään. Jumala olisi yrittänyt pelastaa heidät kaikin tavoin jos heidän joukossaan olisi ollut yksikin vanhurskas tai katumukseen kykenevä yksilö. Muistakaamme tässä Jumalan lupaus että Hän ei tuhoaisi Sodomaa tai Gomorraa jos kaupungeista löytyisi kymmenen vanhurskasta miestä.

Jumala on täynnä armoa ja Hän vihastuu hitaasti. Amalekialaisilla ei ollut kuitenkaan mitään mahdollisuutta tulla pelastetuksi siitä huolimatta kuinka paljon aikaa heille olisi annettu. He eivät olleet jyviä vaan tuhoon lankeavia akanoita. Tämän tähden Jumala käski israelilaisia tuhoamaan Jumalaa vastaan seisoneet amalekialaiset.

Saarnaaja 3:18 sanoo: *"Minä sanoin sydämessäni: Ihmislasten tähden se niin on, jotta Jumala heitä koettelisi ja he tulisivat näkemään, että he omassa olossaan ovat eläimiä."* Kun Jumala koetteli heitä kävi ilmi että he eivät juurikaan eronneet eläimistä. Kuolleen hengen omaavat ihmiset toimivat ainoastaan sielun ja kehon voimin, ja niin he käyttäytyvät eläinten tavoin. Tässä syntejä täynnä olevassa maailmassa on tietenkin ihmisiä jotka ovat eläimiäkin pahempia. Näiden ihmisten pelastuminen on tietenkin vaikeaa. Eläimet kuolevat ja katoavat, kun taas ihmiset jotka eivät pelastu lankeavat helvettiin.

Loppujen lopuksi heidän kohtalonsa on paljon eläimiä huonompi.

2. Sielun tehtäviä fyysisessä maailmassa

Alkuihmisessä henki oli ihmisen isäntä mutta Aatamin henki kuoli hänen syntinsä tähden. Hänen hengellinen energiansa alkoi vuotaa hänestä pois ja korvautua lihallisella energialla. Tästä alkoivat epätotuuteen kuuluvan sielun toiminnot.

Sielulla on kahdenlaisia toimintoja. Toinen näistä kuuluu lihaan ja toinen henkeen. Aatamin ollessa henki hänelle opetettiin Jumalan toimesta ainoastaan totuutta. Nämä sielun toiminnot kuuluivat totuuteen. Hänen henkensä kuollessa sielun epätotuuteen kuuluvat toiminnot kuitenkin alkoivat.

Luuk 4:6 sanoo: *"...ja sanoi hänelle: 'Sinulle minä annan kaiken tämän valtapiirin ja sen loiston, sillä minun haltuuni se on annettu, ja minä annan sen, kenelle tahdon.'"* Tässä kohtaus kertoo kuinka paholainen koetteli Jeesusta. Paholainen sanoi että maailma on annettu sen haltuun ja että se ei siten omannut sitä alussa. Aatami luotiin koko luomakunnan herraksi mutta hänestä tuli paholaisen orja hänen oltua synnille kuuliainen. Tästä syystä Aatamille annettu valta annettiin paholaiselle ja Saatanalle. Tästä lähtien sielusta tuli ihmisten isäntä ja kaikki ihmiset joutuivat paholaisen ja Saatanan vallan alle.

Saatana ei voi hallita totuuden sydämen omaavan miehen henkeä. Se hallitsee ihmisten sielua viedäkseen heidän sydämensä. Saatana istuttaa erilaisia epätotuuksia ihmisten ajatuksiin. Se hallitsee myös ihmisten sydämiä sen mukaan kuinka se onnistuu kaappaamaan ihmisten sielujen toimintoja.

Aatamin ollessa elävä henki hän omasi ainoastaan totuuden tietoutta ja niin hänen sydämensä muodostui hänen hengestään. Hänen kommunikaatioyhteys Jumalaan kuitenkin katkesi ja niin hän ei enää saanut totuuden tietoutta tai hengellistä energiaa. Tämän sijaan hän alkoi hyväksymään epätotuuden tietoutta jota Saatana istutti häneen hänen sielunsa kautta. Tämä epätotuuden tietous muodosti ihmisten sydämessä olevan epätotuuden sydämen.

Tuhoa lihaan kuuluvat sielun toiminnot

Oletko sinä käyttänyt töykeitä sanoja tai tehnyt jotakin jotakin mitä sinä et olisi koskan kuvitellut sanovasi tai tekeväsi? Tämä johtuu siitä että ihmiset ovat sielun hallitsemia. Sielu tukahduttaa henkeä minkä tähden meidän henkemme voi olla aktiivinen ainoastaan jos me murskaamme lihaan kuuluvat sielun operaatiot. Kuinka me voimme sitten tuhota nämä lihaan kuuluvat sielun operaatiot? Kaikista tärkeintä on että meidän pitää tunnustaa että meidän tietoutemme ja ideamme eivät ole totuutta. Vasta sitten me voimme olla valmiita ottamaan vastaan meidän omista ajatuksistamme eroavaa totuudeen Sanaa.

Jeesus käytti vertauskuvia tuhotakseen ihmisten pitämiä vääriä mielikuvia (Matteus 13:34). He eivät pystyneet ymmärtämään hengellisiä asioita sillä heidän sielunsa tukahdutti heidän elämän siemenensä. Jeesus yritti tämän tähden antaa heidän oppia tästä maailmasta kertovien vertauskuvien kautta. Mutta fariseukset

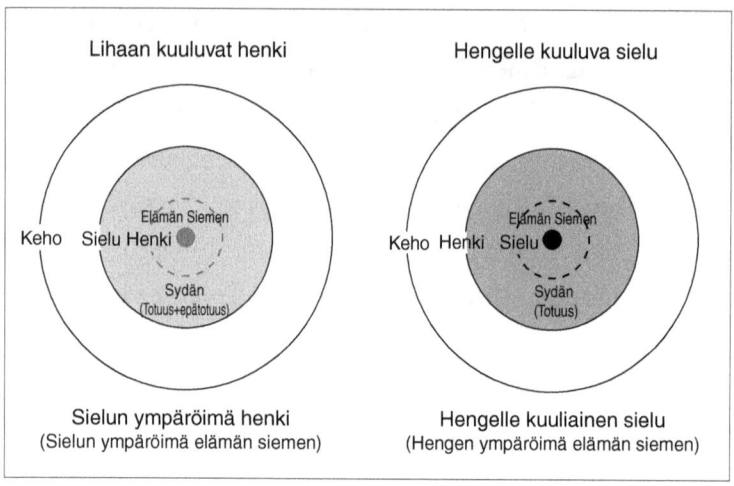

Lihaan kuuluvat henki

Hengelle kuuluva sielu

Keho Sielu Henki ●

Elämän Siemen

Sydän
(Totuus+epätotuus)

Keho Henki Sielu ●

Elämän Siemen

Sydän
(Totuus)

Sielun ympäröimä henki
(Sielun ympäröimä elämän siemen)

Hengelle kuuliainen sielu
(Hengen ympäröimä elämän siemen)

tai Hänen opetuslapsensa eivät kuitenkaan ymmärtäneet Häntä. He tulkitsivat kaiken heidän omien ajatustensa ja epätotuuden lihallisten ajatusten perusteella. Tämän tähden he eivät kyenneet ymmärtämään mitään hengellistä.

Jeesuksen ajan lainoppineet tuomitsivat Jeesuksen kun Hän paransi sairaan miehen sapattina. Jos me ajattelemme asiaa maalaisjärjellä on selvää että Jeesus oli Jumalan tunnustama ja rakastama sillä Hän teki tekoja jotka olivat mahdollisia ainoastaan Jumalam voimalle. Nämä lainoppineet eivät kuitenkaan ymmärtäneet Jumalan sydäntä heidän vanhempiensa perinteiden ja psykologisten raamien tähden. Jeesus yritti opettaa heitä näkemään heidän väärät ideansa.

Luuk. 13:15-16 sanoo: *"Mutta Herra vastasi hänelle ja*

sanoi: 'Te ulkokullatut, eikö jokainen teistä sapattina päästä härkäänsä tai aasiansa seimestä ja vie sitä juomaan? Ja tätä naista, joka on Aabrahamin tytär ja jota saatana on pitänyt sidottuna, katso, jo kahdeksantoista vuotta, tätäkö ei olisi pitänyt päästää siitä siteestä sapatinpäivänä?'"

Jeesuksen sanojen jälkeen Hänen vastustajansa nöyrtyivät ja koko väkijoukko iloitsi Hänen tekemänsä ihmeellisen asian johdosta. Itse asiassa he pystyivät nyt tunnistamaan kuinka väärä heidän ajatusmaailmansa oli ollut tämän suhteen. Jeesus yritti tuhota ihmisten ajatukset sillä he eivät avaisi sydämiään ennen kuin heidän ajatuksensa olisi murskattu.

Tarkistelkaamme seuraavaksi Ilmestyskirjan jaetta 3:20. Jae kuuluu:

Katso, minä seison ovella ja kolkutan; jos joku kuulee minun ääneni ja avaa oven, niin minä käyn hänen tykönsä sisälle ja aterioitsen hänen kanssaan, ja hän minun kanssani.

Tässä jakeessa 'ovi' symboloi ajatusten porttia eli 'sielua.' Herra koputtaa meidän ajatustemme ovea totuuden Sanalla. Tuolla hetkellä ovi meidän sydämeemme avautuu jos me vain avaamme oven ajatuksiimme tuhoamalla sielumme ja otamme vastaan Herran Sanan. Tällä tavoin me alamme harjoittaa Jumalan Sanaa kun tämä Sana tulee sydämeemme. Tämä on Hänen kanssaan 'aterioimista.' Me voimme murskata sielun epätotuuden toiminnot kun me hyväksymme Herran sanan sanoen vain 'Aamen' vaikka se ei olisikaan meidän ajatustemme ja teorioidemme mukaista.

Kuten jo sanottu, meidän pitää ensin avata ovi ajatuksiimme ja sitten sydämeemme niin että evankeliumi voi saavuttaa ihmisen sielun ympäröivän elämän siemenen. Tämä on paljolti kuin vieras joka vierailee toisessa talossa. Jotta talon isäntä voi tavata tämän vieraan hänen pitää ensin avata pääportti, päästää vieras taloon sekä myös avata ovi olohuoneeseen.

On monia tapoja tuhota sielun lihaan kuuluviat toimintoja. Joidenkin ihmisten kohdalla on helpointa antaa looginen selitys sille miksi ja miten heidän pitää avata ovi heidän ajatuksiinsa ja sydämeensä voidakseen ottaa evankeliumi vastaan, kun taas toisten kohdalla on helpompaa näyttää heille Jumalan voiman tekoja tai kertoa heille vertauskuvia. Meidän pitää myös jatkuvasti murskata sielun epätotuuden toimintoja kasvamalla jatkuvasti uskossamme jos me olemme jo ottaneet evankeliumin vastaan. Monet uskovat eivät jatka uskossaan ja hengessään kasvua. Tämä johtuu siitä että he eivät koe jatkuvasti hengellisiä ymmärryksen hetkiä heidän lihallisten sielun operaatioiden tähden.

Muistojen muodostuminen

Meidän täytyy ymmärtää kuinka meidän aivomme muodostaa muistoja jos me haluamme omata suotuisia sielun operaatioita. Joskus käy niin että me olemme varmasti nähneet tai kuulleet jotakin mutta myöhemmin olleet kykenemättömiä muistamaan kokemuksiamme tarkasti. Joskus me voimme taas muistaa jotakin niin selvästi että me emme unohda sitä edes pitkän ajan kuluessa. Tämä ero meidän kyvyssämme muistaa asioita johtuu tavasta jolla nämä asiat on tallennettu muistisysteemiimme.

Ensimmäinen tapa tallentaa asioita muistiimme on huomata se tahattomasti. Me näemme tai kuulemme jotakin kiinnittämättä siihen kuitenkaan mitään huomiota. Kuvittele että sinä matkustat junalla takaisin kotikaupunkiisi. Sinä näet junasta ulkona olevia vehnä- ja muita peltoja. Sinä et kuitenkaa muista mitä sinä näit junamatkan aikana jos sinä olet matkan aikana ollut omissa ajatuksissasi. Samalla tavalla opiskelijat eivät muista mitä oppitunnin aikana on puhuttu jos he ovat istuneet luokassa omissa ajatuksissaan.

Toinen tapa on niin sanottu satunnainen muisti. Nähdessäsi ulkona olevat pellot sinä yhdistät tämän vanhempiisi. Katsellessasi peltoja sinä ajattelet isääsi viljelemässä omaa peltoaan ja tämän ansiosta sinä pystyt myöhemmin muistamaan nämä pellot hämärästi. Samalla tavalla oppitunnilla istuneet oppilaat voivat satunnaisesti muistaa mitä opettaja on tunnilla sanonut. He voivat kyllä muistaa mitä lueonnolla sanottiin heti luennon jälkeen mutta he unohtavat sen parin päivän jälkeen.

Kolmas tapa on muistojen istuttaminen. Sinä tulet varmasti muistamaan näkemäsi pellot jos sinä olet itsekin maanviljelijä jasinä kiinnität huomiota näkemiisi maisemiin. Sinä panet merkille kuinka hyvin peltoja on hoidettu tai kuinka hyvin tilan kasvihuoneet on rakennettu, haluten kenties soveltaa näitä ratkaisuja omalla tilallasi. Kuvittele myös että luennoitsija sanoo oppitunnilla seuraavasti: "Meillä on heti oppitunnin jälkeen koe ja jos te menetätte pisteitä jokaisesta väärästä vastauksesta." Tällöin oppilaat yrittävät luultavasti keskittyä opetukseen ja muistaa mitä oppitunnilla sanotaan. Tämän kaltainen muisto tulee luultavasti kestämään kauemmin kuin kaksi aiemmin mainittua vaihtoehtoa.

Neljäs tapa muistaa on asian istuttaminen sekä aivoihin että sydämeen. Kuvittele että sinä katsot surullista elokuvaa. Sinä koet myötätuntoa näyttelijää kohtaan ja eläydyt tarinaan niin paljon että sinä itket paljon. Tässä tapauksessa tarina istutetaan sinun muistisi lisäksi myös sinun sydämeesi. Tämä tarkoittaa että se on istutettu aivosolujesi lisäksi myös sinun sydämeesi tunteen muodossa. Voimakkaasti sydämeen ja muistiin vaikuttavat asiat säilyvät muistissa niin kauan kuin aivosolut ovat terveitä. Ja vaikka aivot itse vahingoittuisivat jostakin syystä nämä sydämeen säilötyt asiat kuitenkin jäävät jäljelle.

Kuinka järkyttävää olisikaan jos pieni lapsi näkisi äitinsä kuolevan liikenneonnettomuudessa. Tässä tapauksessa nämä tapahtumat ja surulliset tunteet istutetaan tämän lapsen sydämeen. Tämä istutetaan sekä hänen muistiinsa että hänen sydämeensä ja niin hän ei voi koskaan unohtaa tätä. Me olemme tarkistelleet neljää eri tapaa muistaa jolla kokemukset säilyvät meidän muistissamme. Näiden asioiden ymmärtäminen auttaa meitä hallitsemaan meidän sielumme operaatioita.

Asiat jotka sinä haluat unohtaa mutta joista sinua muistutetaan jatkuvasti

Joskus jokin muistuttaa meitä jatkuvasti jostakin mitä me emme halua muistaa. Mistä tämä johtuu? Tämä johtuu siitä että tämä kyseinen aihe on istutettu meidän aivojemme lisäksi myös tunteiden voimasta meidän sydämeemme.

Kuvittele että sinä vihaat jotakuta. Sinä kärsit sinussa olevan vihan tähden joka kerta kun sinä ajattelet tätä henkilöä. Tämänkaltaisessa tapauksessa sinun pitää ensin ajatella Jumalan Sanaa. Jumala kehottaa meitä rakastamaan vihamiehiämmekin ja Jeesus rukoili että Hänet ristiinnaulinneet henkilöt saisivat tekonsa anteeksi. Jumala haluaa rakkauden ja hyvyyden sydämiä, ja niin meidän tulee repiä juurineen pois paholais-vihollisen ja Saatanan antama epätotuuden sydän.

Useimmissa tapauksissa me asiaa pohtiessamme huomaamme että meidän muita kohtaan tuntemamme viha perustuu vähäisiin asioihin. Me voimme ymmärtää mikä on se asia missä me emme seuraa Jumalan Sanaa jos tutkiskelemme itseämme 1. Korinttolaiskirjeen 13. luvun avulla. Luku kertoo meille että meidän pitää etsiä muiden etua, olla nöyrä sekä muita kohtaan ymmärtäväinen. Meidän sydämessämme oleva viha sulaa hiljalleen pois kun me ymmärrämme että me toimimme epähurskaasti. Meidän ei tarvitse kärsiä pahoista ajatuksista jos me tunnemme aina ensin hyvyyttä ja täytämme sillä sydämemme. Muut voivat tehdä jotakin mistä me emme itse pidä mutta sinä et kuitenkan tunne heitä kohtaan vihaa niin kauan kun sinä syötät sydämeesi hyvyyden tunteita, ajatellen "Heillä täytyy olla syy käyttäytymiseensä."

Meidän pitää tietää mitä epätotuuden kanssa säilötään

Mitä meidän pitää sitten tehdä niiden epätotuuksien suhteen jotka me olemme jo säilöneet epätotuuden mukaisten tunteiden kanssa?

Sinua muistetaan syvälle sydämeesi istutetusta asiasta vaikka sinä et tietoisesti yrittäisikään ajatella sitä. Tässä tapauksessa meidän pitää muuttaa tähän asiaan liittyvät tunteet. Sinun pitää muuttaa nämä ajatukset sen sijaan että sinä yrittäisit olla ajattelematta koko asiaa. Sinä voit esimerkiksi muuttaa kuinka sinä ajattelet jotakuta jota sinä vihaat. Sinä voit alkaa ajatella asioita tämän toisen henkilön näkökannalta ja alkaa ymmärtämään miksi tämä henkilö on toiminut niinkuin hän on toiminut.

Sinä voit myöskin ajatella hänen hyviä puoliaan ja rukoilla hänen puolestaan. Sinun vihan tunteesi muuttuvat rakkaudeksi kun sinä yrität puhua hänelle lämpimästi ja lohduttaen, annat hänelle pieniä lahjoja ja näytät hänelle rakkauden tekoja. Tällöin sinä et enää kärsi häntä ajatellessasi.

Ennenkuin minä otin Herran vastaan elämääni minä olin sairasvuoteella seitsemän vuoden ajan ihmisiä vihaten. Mikään ei voinut parantaa minua eikä minulla ollut lainkaan toivoa elämästä. Vain minun velkani kasvoivat ja minun perheeni melkein hajosi tänä aikana. Minun vaimoni täytyi ansaita meidän elantomme ja minun sukulaiseni eivät halunneet nähdä perhettäni sillä me olimme heille kaikille taakaksi.

Myös hyvät suhteet minun veljieni välillä rikkoontuivat. Tuohon aikaan minä ajattelin ainoastaan vaikeata tilannettani ja minä olin tämän tähden katkera veljiäni kohtaan. Minä kannoin kaunaa sekä vaimoani vastaan joka pakkasi tavaranasa useaan otteeseen minut jättääkseen, että hänen perheenjäseniään vastaan jotka olivat loukanneet tunteitani ankarin sanoin. Aina kun minä näin heidän katsovan minua halveksuvin silmin minussa oleva viha ja katkeruus kasvoivat yhä entisestään. Eräänä päivänä kaikki tämä kaunaisuus ja viha kuitenkin katosi.

Minä otin Herran vastaan Jumalan Sanaa kuunneltuani ja minä ymmärsin vikani. Jumala kehottaa meitä rakastamaan vihamiehiämme ja Hän antoi ainoan Poikansa uhriksi meidän puolestamme. Minkälainen ihminen minä sitten olinkaan kun minä kerran kannoin kaunaa ja vihasin ihmisiä! Minä aloin ajatella asiaa näiden muiden näkökulmasta. Mitä jos minulla olisi sisar ja hänellä olisi toimeentulematon aviomies. Hän työskentelisi ankarasti voidakseen elää. Kuinka minä ajattelisin tässä tilanteessa? Minä aloin ymmärtää sisareni perhettä kun minä aloin miettiä asioita muiden näkökulmasta käsin ja minä ymmärsin että kaikki tämä oli minun omaa syytäni.

Minä aloin olla kiitollinen vaimoni perheenjäsenille kun minä muutin ajatuksiani. Joskus he antoivat meille riisiä ja muita välttämättömyyksiä ja minä olin tästä erittäin kiitollinen. Näiden vaikeiden aikojen kautta minä otin Herran vastaan ja opin taivaasta ja niin minä olin myös tästä erittäin kiitollinen. Muuttaessani mieleni minä olin kiitollinen siitä että minä olin sairastunut ja tavannut vaimoni. Kaikki minussa oleva viha muuttui rakkaudeksi.

Epätotuuteen kuuluvat sielun toiminnot

Sinä et vahingoita vain itseäsi vaan myös ympärilläsi olevia ihmisiä jos sinussa on epätotuuteen kuuluvia sielun operaatioita. Tarkistelkaamme seuraavaksi jokapäiväiseen elämäämme kuuluvia tavallisia epätotuuteen kuuluvia sielun operaatioita.

Ensinnäkin kyseessä on muiden väärinymmärtäminen sekä kykenemättömyys muiden ymmärtämiseen tai hyväksymiseen
Ihmisille kehittyy erilaisia makuja, arvoja sekä käsityksiä siitä mikä on oikein. Jotkut pitävät ihmeellisistä ja omalaatuisista vaatetyyleistä kun taas toiset pitävät yksinkertaisista ja siisteistä kokonaisuuksista. Samaa elokuvaa katsovista ihmisistä toiset

voivat pitää sitä kiinnostavana samalla kun toiset pitävät sitä tylsänä.

Näiden erojen tähden me alamme kokea epämukavia tunteita meistä erilaisia olevia ihmisiä kohtaan itse sitä edes huomaamatta. Tietty henkilö voi olla avoin ja vilkas joka puhuu suoraan siitä mistä hän pitää ja mistä hän ei pidä. Joku toinen taas ei osaa ilmaista tunteitaan yhtä hyvin ja niin häneltä kestää kauan aikaa päättää jokin asia sillä hän käy läpi kaikki mahdollisuudet yksityiskohtaisesti. Edellisen mielestä jälkimmäinen henkilö vaikuttaa hitaalta ja jähmeältä. Jälkimmäisen mielestä tämä ensimmäinen henkilö voi puolestaan vaikuttaa hieman agressiiviselta ja hän saattaa kenties yrittää välttää tätä.

Samalla tavalla kyseessä on sielun epätotuuteen kuuluvasta toiminnosta jos sinä et pysty hyväksymään tai ymmärtämään muita. Me emme aidosti ymmärrä tai hyväksy muita jos me pidämme vain asioista joista me pidämme ja uskomme oikeaksi vain sellaisia asioita joita me itse pidämme oikeina.

Toisekseen, kyseessä on muiden arvosteleminen

Muiden arvosteleminen tarkoittaa johtopäätösten tekemistä toisista henkilöistä omien ajatusten ja tunteiden puitteissa. Joissakin maissa nenän niistäminen ruokapöydässä on epäkohteliasta, kun taas muualla maailmassa tämä on täysin hyväksyttävää. Samalla tavalla joissakin maissa ruuan haaskaminen on epäkohteliasta kun taas muualla se on täysin normaalia ja ruuan jättäminen lautaselle on jopa kohteliasta.

Eräs henkilö näki kuinka toinen söi ruokaa pelkin käsin ja kysyi onko käsillä syöminen epähygieenistä. Tämä toinen henkilö vastasi sanoen: "Minä pesen käteni joten minä tiedän että se on hygieenistä. Minä en kuitenkaan tiedä kuinka puhtaita nämä haarukat ja veitset ovat joten minun käteni ovat niitä puhtaampia." Meidän mielipiteemme ja ajatuksemme eroavat sen mukaan minkälaisessa ympäristössä me olemme kasvaneet ja minkälaisia asioita me olemme oppineet. Meidän ei siis pidä arvioida hyvää ja pahaa ihmisten mittapuiden mukaan sillä tämä ei ole totuutta.

Me ihmiset voimme tehdä päätöksiä kuvitellen että kaikki muutkin tekisivät tämän saman päätöksen samoissa olosuhteissa. Valehtelevat ihmiset kuvittelevat kaikkien muidenkin valehtevan ja juoruilusta nauttivat luulevat muidenkin juoruilevan.

Kuvittele että sinä näet miehen ja naisen seisovan lähekkäin hotellin lähellä. Sinä voit arvostella heitä, ajatellen: "He ovat varmasti olleet kahdestaan tuossa hotellissa. Minusta näytti kuin he olisivat katselleet toisiaan erityisellä tavalla."

Sinä et voi kuitenkaan mitenkään tietää ovatko nämä kaksi henkilöä juuri nauttineet keskustelusta hotellin kahvilassa vai törmänneet sattumalta toisiinsa kadulla. Nämä kaksi henkilöä saattavat kärsiä suuresta vääryydestä ja kokea suurta vahinkoa jos me levitämme heistä huhuja ainoastaan sen perusteella että me olemme itse heitä arvostellessamme päätyneet väärään johtopäätökseen.

Tämä lisäksi myös välinpitämättömät vastaukset ovat peräisin arvostelemisesta. Usein töihin myöhässä tuleva henkilö voi vastata sinulle sanoen: "Minä en ollut tänään myöhässä" kun sinä kysyt häneltä mihin aikaan hän on tullut tänään töihin. Hän on tällöin olettanut että sinä olet arvostellut häntä ja vastannut sinulle täysin asiaankuulumattomalla tavalla vaikka sinä olet kysynyt häneltä mihin aikaan hän on aloittanut työnsä.

1. Kor. 4:5 sanoo: *"Älkää sentähden lausuko mitään tuomiota, ennenkuin aika on, ennenkuin Herra tulee, joka myös on saattava valoon pimeyden kätköt ja tuova ilmi sydänten aivoitukset; ja silloin kukin saa kiitoksensa Jumalalta."*

Maailma on täynnä arvostelua ja tuomitsemista sekä henkilötasolla että myös perheiden, yhteiskunnan, politiikan ja jopa valtioiden tasolla. Tämänkaltainen pahuus aiheuttaa vain vahinkoa ja tuo onnettomuutta. Ihmiset elävät arvostellen muita jatkuvasti sitä itse kuitenkaan edes tajuamatta. Joskus meidän mielipiteemme ovat tietenkin oikeassa mutta useimmiten näin ei kuitenkaan ole. Arvosteleminen on itsessään pahaa ja Jumalan kieltämää ja niin meidän ei pidä tehdä sitä vaikka me sattuisimmekin olemaan oikeassa.

Kolmanneksi, kyseessä on muiden tuomitseminen

Ihmiset eivät ainoastaan arvostele muita omien ajatustensa perusteella vaan myös tuomitsevat heitä. On ihmisiä jotka kärsivät suunnatonta henkistä tuskaa internetissä olevien vihamielisten kommenttien takia. Me arvostelemme ja tuomitsemme toisiamme jokapäiväisessä elämässämme. Sinä saatat tuomita ohitsesi tervehtimättä kulkeneen henkilön uskoen hänen jättäneen sinut tahallaan huomiotta. On kuitenkin mahdollista että tämä henkilö ei tunnistanut sinua tai että hän oli omissa ajatuksissaan, missä tapauksessa sinä olet tuominnut hänet väärin pelkästään sinun omien ajatustesi perusteella. Tämän tähden Jaak. 4:11-12 varoittaa meitä seuraavasti:

Älkää panetelko toisianne, veljet. Joka veljeään panettelee tai veljensä tuomitsee, se panettelee lakia ja tuomitsee lain; mutta jos sinä tuomitset lain, niin et ole lain noudattaja, vaan sen tuomari. Yksi on lainsäätäjä ja tuomari, hän, joka voi pelastaa ja hukuttaa; mutta kuka olet sinä, joka tuomitset lähimmäisesi?

Toisten tuomitseminen ja arvosteleminen on ylpeyttä. Tämänkaltaiset ihmiset ovat jo tuominneet itsensä. On tätäkin vakavampaa tuomita tai arvostella hengellisiä asioita. On ihmisiä jotka tuomitsevat ja arvostelevat Jumalan voimallisia töitä ja Jumalan suunnitelmaa omien ajatusraamiensa ja tietoutensa perusteella.

Hyvää sydämessään kantavat ihmiset uskovat kun joku sanoo parantuneensa parantumattomasta sairaudesta rukouksen avulla. Toiset kuitenkin arvostelevat tätä, ajatellen: "Kuinka sairaus voisi muka parantua pelkän rukouksen avulla? Jonkun on pitänyt diagnosoida tämä sairaus väärin tai sitten tämä henkilö vain luulee että hän on parantunut." Joku saattaa jopa tuomita tämän henkilön syyttäen häntä valehtelusta. Nämä ihmiset arvostelevat ja tuomitsevat jopa Raamattuun kirjattuja asioita, kuten sitä kuinka Punainen meri jaettiin kahtia, kuinka aurinko ja kuu pysähtyivät ja kuinka katkera vesi muuttui makeaksi. He kutsuvat näitä ihmeitä pelkiksi myyteiksi.

On myös ihmisiä jotka sanovat uskovansa Jumalaan mutta silti arvostelevat ja tuomitsevat Pyhän Hengen tekoja. Nämä ihmiset sanovat varomattomasti että henkilö on väärässä ja että hän harrastaa mystiikkaa jos tämä sanoo että hänen hengelliset silmänsä ovat auenneet niin että hän pystyy näkemään hengelliseen maailmaan. Tämänkaltaisia tekoja on kyllä kirjattu Raamattuun mutta tästä huolimatta nämä ihmiset arvostelevat ja tuomitsevat ne omien henkilökohtaisten ajatustensa puitteiden perusteella.

Jeesuksen aikana oli monia tämänkaltaisia ihmisiä. Heidän olisi pitänyt keskittyä siihen että Jumalan voima tuli esiin Jeesuksen kautta kun Hän paransi sairaita sapattina. Tämänkaltaiset teot eivät olisi voineet tapahtua Jeesuksen kautta elleivät ne olisi olleet Jumalan tahdon mukaisia. Fariseukset kuitenkin tuomitsivat Jeesuksen, Jumalan Pojan, omien ahtaiden ajatustensa perusteella. On suuri synti tuomita Jumalan tekoja vaikka tämä johtuisikin siitä että sinä et vielä ymmärrä totuutta kovin hyvin. Sinun pitää olla hyvin varovainen sillä sinä et kenties koskaa saa tilaisuutta katua jos sinä vastustat, pilkkaat tai puhut Pyhää Henkeä vastaan.

Neljäs sielun epätotuuden toiminto on väärän tai virheellisen sanoman julistaminen

Viestiä toimittaessamme meillä on usein tapana värittää tämä viesti omilla ajatuksillamme ja tunteillamme. Alkuperäinen viesti voi saada uuden merkityksen kasvonilmeidemme ja käyttämämme äänensävyn ansiosta vaikka viestin sisältö pysyisikin samana. Me voimme esimerkiksi kutsua toista henkilöä huutamalla "Hei!" Tässä sanalla on täysin eri merkitys riippuen siitä kutsummeko me henkilöä ystävällisellä ja pehmeällä äänellä vai kovalla ja kärsimättömällä äänellä. Viestin alkuperäinen merkitys vääristyy myös silloin jos me emme pysty toimittamaan sitä samoja sanoja käyttäen vaan välitämme sen eteenpäin omia sanojamme käyttäen.

Me voimme löytää tästä esimerkkejä jokapäiväisestä elämästämme missä me usein liioittelemme tai lyhennämme mitä me olemme kuulleet. Joskus "Onko se totta?" muuttuu muotoon "Eikö se olekin totta?" ja "Me suunnittelemme" muuttuu muotoon "Me saatamme ehkä" tai "Näyttää siltä että me..."

Me emme kuitenkaan väärennä tosiasioita omien ajatustemme mukaan jos me omaamme totuudenmukaisen sydämen. Me pystymme välittämään viestin tarkasti jos me hankkiudumme eroon sydämen pahuudesta ja sellaisista piirteistä kuin oman edun ajamisesta, välinpitämättömydestä tarkkuuden suhteen, alttiudesta arvosteluun ja muista pahaa puhumisesta. Joh. 21.18 kertoo meille mitä Herra Jeesus sanoi Pietarille marttyyriudesta. Jae sanoo: *"Totisesti, totisesti minä sanon sinulle: kun olit nuori, niin sinä vyötit itsesi ja kuljit, minne tahdoit; mutta kun vanhenet, niin sinä ojennat kätesi, ja sinut vyöttää toinen ja vie sinut, minne et tahdo."* Pietari tuli uteliaaksi Johanneksesta ja kysyi: *"Herra, kuinka sitten tämän käy?"* Jeesus vastasi: *"Jos minä tahtoisin, että hän jää tänne siihen asti, kunnes minä tulen, mitä se sinuun koskee? Seuraa sinä minua."* Kuinka sinä luulet että tämä viesti toimitettiin opetuslapsille? Raamattu sanoo että tässä sanottiin että opetuslapset eivät tulisi kuolemaan. Jeesus tarkoitti tällä että ei ollut Pietarin asia mitä Johannekselle tapahtui vaikka Johannes eläisi Herran paluuseen saakka. Opetuslapset kuitenkin välittivät tämän viestin täysin virheellisesti sitä omilla ajatuksillaan värittäen.

Viidenneksi, kyseessä on negatiivisista tunteista tai vihanpidosta

Meidän sielussamme on epätotuuden operaatioita lihallisten pahojen tunteiden kuten ylpeyden, kateuden, kiivastumisen ja vihanpidon tähden. Meidän reaktiomme samaan sanaan vaihtelee sen mukaan mitä me kyseisellä hetkellä tunnemme.

Kuvittele, että yhtiön johtaja sanoo työntekijälle: "Etkö sinä pysty parempaan?" osoittaen samalla työntekijän tekemää virhettä. Tässä tilanteessa jotkut ottaisivat torun vastaan nöyrästi ja hymyillen, sanoen: "Kyllä, minä pystyn parempaan ensi kerralla." Esimiehestään valittaneet työntekijät voivat kuitenkin kantaa kaunaa esimiestään kohtaan tämän kommentin tähden. He saattavat ajatella "Pitääkö hänen puhua noin negatiivisesti?"

tai "Entä minä? Hän ei osaa itse tehdä omaa työtään kunnollisesti."

Tai sitten sinun esimiehesi voi neuvoa sinua, sanoen: "Minusta tuntuu että olisi parempi jos sinä korjaat tämän osan tällä tavalla." Sinä voit hyväksyä tämän ja sanoa: "Hyvä idea, kiitos neuvosta" ja seurata esimiehesi neuvoa. On kuitenkin ihmisiä jotka tuntevat olonsa epämukavaksi tämänkaltaisessa tilanteessa ja joiden ylpeyttä tällainen loukkaa. Näiden negatiivisten tunteiden tähden he valittavat joskus, sanoen: "Minä tein parhaani joten miten hän voi sanoa noin? Jos hän on kerran niin pätevä niin miksi hän ei tee sitä itse?"

Raamatussa on kohta joka kertoo kuinka Jeesus toruu Pietaria (Mat. 16:23). Jeesus kertoi opetuslapsilleen mitä tuleman piti kun Hänen oli aika nousta ristille. Pietari ei kuitankaan halunnut mestarinsa kärsivän niin suuresti ja hän sanoi: *"Jumala varjelkoon, Herra, älköön se sinulle tapahtuko!"* (jae 22)

Jeesus ei yrittänyt lohduttaa Pietaria, sanoen: "Minä tiedän miltä sinusta tuntuu ja minä olen kiitollinen sen johdosta. Minun pitää kuitenkin mennä." Tämän sijaan Hän sanoi: *"Mene pois minun edestäni, saatana; sinä olet minulle pahennukseksi, sillä sinä et ajattele sitä, mikä on Jumalan, vaan sitä, mikä on ihmisten."* (jae 23)

Tie pelastukseen tuli avatuksi ainoastaan kun Jeesus nousi ristille kärsimään ja niin sen estäminen oli sama kuin Jumalan suunnitelman estäminen. Pietari ei kuitenkaan kantanut kaunaa tai valittanut Jeesusta vastaan sillä hän uskoi että kaikella mitä Jeesus sanoi oli jokin tarkoitus. Tämänkaltaisen hyvän sydämen omaavasta Pietarista tuli myöhemmin Jumalan voiman ihmeellisiä tekoja tekevä apostoli.

Mitä sitten tapahtui Juudas Iskariotille? Matteuksen luku 26 kertoo kuinka Maria Betaniasta kaatoi kallista öljyä Jeesuksen jaloille. Juudaksen mielestä tämä oli haaskausta. Hän sanoi: *"Olisihan sen voinut myydä kalliista hinnasta ja antaa rahat köyhille."* (jae 9) Oikeasti hän kuitenkin halusi varastaa nämä rahat.

Tässä Jeesus ylistää Mariaa siitä mitä Maria oli Jumalan johdatuksesta tehnyt sillä hän valmisti Jeesusta Hänen hautajaisiaan varten. Juudas kantoi mielessään pahoja ajatuksia ja valitti Jeesusta vastaan sen tähden että Hän ei ollut tunnustanut Juudaksen sanoja. Lopulta Juudas teki suurta syntiä suunnitelemalla pettävänsä ja kavaltavansa Jeesuksen.

Nykyään monet ihmiset omaavat totuuden ulkopuolella olevia sielun toimintoja. Me emme kuitenkaan omaa sielun operaatioita niin kauan kun me emme tunne jotakin asiaa kohtaan mitään siitä huolimatta että me saatammekin nähdä sen. Kun me näemme jotakin meidän pitää pysähtyä tälle näkemisen tasolle. Pitääksemme itsemme totuudessa on parempi että me emme näe tai kuule mitään mikä on epätotuutta. Me voimme kuitenkin pitää itsemme totuudessa jopa silloin kun me kohtaamme epätotuutta jos me vain ajattelemme ja tunnemme hyviä asioita.

3. Pimeys

Saatana omaa samoja pimeyden voimia kuin Lusifer ja saa ihmiset ajattelemaan pahoja ajatuksia, omaamaan pahan sydämen ja toimimimaan pahuudessa.

Pahat henget saavat meidät omaamaan epätotuuteen kuuluvia sielun toimintoja. Jumala salli pahojen henkien olemassaolon ihmiskunnan jalostuksen suunnitelman täyttämiseksi. Näillä hengillä on ilmavaltojen valta niin kauan kun ihmiskunnan jalostus on käynnissä. Efesolaiskirje 2:2 sanoo: "...*joissa te ennen vaelsitte tämän maailman menon mukaan, ilmavallan hallitsijan, sen hengen hallitsijan, mukaan, joka nyt tekee työtään tottelemattomuuden lapsissa.*"

Jumala salli heidän hallitsevan pahuuden virtaa siihen saakka kunnes Hän päättää ihmiskunan jalostuksen. Nämä pimeyteen kuuluvat pahat henget pettävät ihmisiä tekemään syntiä ja vastustamaan Jumalaa. Myös niillä on selvät ohjeet. Niiden johtaja, Lusifer, hallitsee pimeyttä ja se käskee ja hallitsee sen alamaisia henkiä. On myös monia muita olentoja jotka auttavat Lusiferia, kuten voimallisia lohikäärmeitä ja niiden enkeleitä (Ilm. 12:7). Tämän lisäksi pimeyteen kuuluu myös Saatana, paholainen sekä demonit.

Lusifer, pimeyden maailman hallitsija

Lusifer oli arkkienkeli joka ylisti Jumalaa kauniilla äänellä ja musiikilla. Se nautti korkeasta asemasta ja vallasta sillä Jumala rakasti sitä erittäin paljon. Aikojen kuluessa Lusifer kuitenkin muuttui ylpeäksi ja lopulta se petti Jumalan. Tästä alkaen Lusiferin kaunis ulkomuoto muuttui hirvittäväksi. Jesaja 14:12 sanoo: *"Kuinka olet taivaalta pudonnut, sinä kointähti, aamuruskon poika! Kuinka olet maahan syösty, sinä kansojen kukistaja!"*

Nykyään ihmiset muistuttavat tietämättään ulkomuodoltaan Lusiferia hius-ja meikkityyliensä johdosta. Maailmallisten trendien ja muotien kautta Lusifer hallitsee ihmisten mieliä ja ajatuksia ja ohjaa niitä haluamaansa suuntaan. Se vaikuttaa suuresti varsinkin maailmalliseen musiikkiin.

Lusifer myös houkuttelee ihmisiä syntiin ja laittomuuteen modernien mukavuuksien kuten tietokoneiden avulla. Se pettää johtajia ja vastustaa Jumalaa. Jotkut maat vainoavat kristittyjä virallisesti. Kaikki tämä tapahtuu Lusiferin johdatuksesta.

Tämän lisäksi Lusifer houkuttelee ihmisiä noituden ja taikuuden avulla, ja se kutsuu shamaaneja ja velhoja palvomaan itseään. Se tekee kaikkensa johdattaakseen vielä yhden sielun helvettiin ja saadakseen ihmiset vastustamaan Jumalaa.

Lohikäärmeet ja niiden enkelit

Lohikäärmeet ovat Lusiferin alamaisia pahojen henkien johtaja. Ihmiset luulevat lohikäärmeiden olevan mielikuvitusolentoja mutta niitä kuitenkin ovat olemassa henkimaailmassa. Ne ovat kuitenkin näkymättömiä sen tähden että ne ovat hengellisiä olentoja. Lohikäärmeillä on kauriiden tapaiset sarvet, demonien silmät ja korvat jotka muistuttavat karjan korvia. Niiden iho ja neljä jalkaa ovat suomujen peitossa. Ne muistuttavat jättimäisiä matelijoita.

Luomisen aikaan lohikäärmeet omasivat pitkiä, kauniita ja loistavan värisiä höyheniä. Ne ympäröivät Jumalan valtaistuinta. Jumala rakasti niitä kuin lemmikkieläimiä ja ne pysyttelivät Hänen lähellään. Ne omasivat paljon valtaa ja voimaa ja ne olivat lukemattomien kerubien johdossa. Kun Lusifer petti Jumalan näiden lohikäärmeiden enkelit muuttuivat pahaksi ja myös ne alkoivat vastustaa Jumalaa. Myös nämä lohikäärmeiden enkelit omaavat nyt hirvittävät ulkomuodon. Ne omaavat lohikäärmeiden tavoin ilmavallan voimia ja ne johdattavat ihmisiä syntiin ja pahuuteen.

Lusifer on tietenkin pahojen henkien johdossa mutta käytännössä se antoi lohikäärmeille ja niiden enkeleille vallan taistella Jumalalle kuuluvia hengellisiä olentoja vastaan ja hallita ilmoja. Jo aikojen alusta saakka lohikäärmeet ovat houkutelleet ihmisiä kaivertamaan ja maalaamaan lohikäärmeitä saadakseen

120

ihmiset palvomaan itseään. Nykyään jotkut uskonnot palvovat lohikärmeitä ja näitä uskontoja seuraavat ihmiset ovat lohikäärmeiden hallitsemia.

Ilmestyskirja 12:7-9 puhuu lohikäärmeistä ja niiden enkeleistä seuraavanlaisesti:

Ja syttyi sota taivaassa: Miikael ja hänen enkelinsä sotivat lohikäärmettä vastaan; ja lohikäärme ja hänen enkelinsä sotivat, mutta eivät voittaneet, eikä heillä enää ollut sijaa taivaassa. Ja suuri lohikäärme, se vanha käärme, jota perkeleeksi ja saatanaksi kutsutaan, koko maanpiirin villitsijä, heitettiin maan päälle, ja hänen enkelinsä heitettiin hänen kanssansa.

Lohikäärmeet houkuttelevat pahoja ihmisiä enkeleidensä kautta. On pahoja ihmisiä jotka eivät kaihda edes murhan tai ihmiskaupan kaltaisia rikoksia. Lohikäärmeiden enkelit omaavat 5. Mooseksen kirjassa mainuttujen Jumalalle kauhistuksen olevien eläinten muotoja. Pahuus paljastuu eri muodoissa näiden eläinten muotojen mukaan sillä jokaisella eläimellä on omat julmuuden, kavaluuden, saastaisuuden ja haureuden kaltaiset piirteensä.

Lusifer työskentelee lohikäärmeiden kautta ja lohikäärmeiden enkelit täyttävät niiden lohikäärmeiltä saamansa käskyt. Jos me vertaamme tätä maailmaan niin me voimme sanoa että Lusifer on kuningas ja lohikäärmeet ovat pääministerin tai armeijakomentajan kaltaisia jotka ovat vastuussa muista

ministereistä ja sotilaista. Lohikäärmeet eivät saa Lusiferilta
suoraa käskyä joka kerta kun ne tekevät jotakin. Lusifer on jo
istuttanut mielensä ja ajatuksensa lohikäärmeisiin ja niin kaikki
lohikäärmeiden teot ovat aina automaattisesti Lusiferin halujen
mukaisia.

Saatanalla on Lusiferin sydän ja voima

Pahoilla hengillä on niin suuri vaikutus ihmisiin että heidän
sydämensä tahriintuvat pimeydellä. Demonit tai pahat henget
eivät kuitenkaan kiusaa ihmisiä alusta alkaen. Aluksi ihmisten
parissa tekee työtään Saatana, sitten paholainen ja lopulta
demonit. Yksinkertaisesti sanottuna Saatana on Lusiferin sydän.
Se ei omaa mitään tiettyä muotoa vaan se vain tekee työtään
ihmisten ajatusten kautta. Saatanalla on Lusiferin omaavan
pimeyden voimia ja se saa ihmiset ajattelemaan pahoja ajatuksia
ja heidän mielensä haluamaan pahuuden tekojen tekemistä.

Saatana on hengellinen olento (Job. 1:6-7) ja niin se tekee
työtään erilaisin tavoin sen mukaan minkälaisia pimeyden
viettejä kukin henkilö omaa. Valehtelijoiden parissa se tekee
työtään pettävän hengen kautta (1. Kun. 22:21-23). Sellaisten
ihmisten kanssa jotka nauttivat ihmisten usuttamisesta toisiaan
vastaan se tekee työtään tämän kaltaisen hengen kautta (1. Joh.
4:6). Lihan saastaisista teoista pitävien ihmisen parissa se tekee
työtään epäpuhtaan hengen muodossa (Ilmestyskirja 18:2).

Kuten jos sanottu, Lusiferilla, enkeleillä ja Saatanalla on

kaikilla erilaiset roolit ja ulkomuodot mutta ne kuitenkin jakavat yhden ja saman mielen, samat ajatuset sekä voiman tehdä pahuutta. Tutkiskelkaamme seuraavaksi kuinka Saatana tekee työtään ihmisten parissa.

Saatana on kuin radioaalto joka leviää ilmassa. Se levittää mieltään ja voimaansa jatkuvasti ilman halki. Aivan kuin radioaalto jota me voimme vastaanottaa sitä varten viritellyllä antennilla niin myös Saatanan mieli ja sen ajatukset ja pimeyden voima ovat valmiita vastaanotettavaksi niiden toimesta jotka ovat siihen valmiita. Tässä antennina toimii epätotuus sekä ihmisten sydämessä oleva pimeys.

Esimerkiksi sydämessä olevan vihan luonne voi toimia antennina joka ottaa vastaan vihan radioaaltoja joita Saatana ilman kautta levittää. Saatana laittaa pimeyden voiman ihmisten sydämeen heidän ajatustensa kautta heti kun Saatanan luomat pimeyden aallot ja ihmisten sydämessä olevat epätotuudet ovat samalla aaltopituudella. Tämän kautta epätotuuden sydän voimistuu ja aktivoituu. Tätä tarkoittaa kun me puhumme 'Saatanan töiden vastaanottamisesta' tai Saatanan äänen kuulemisesta.

Nämä ihmiset tekevät syntiä ajatuksissaan kun he kuulevat tällä tavalla Saatana ääntä ja tämä johtaa heidät tekemään syntiä myös teoissa. He haluavat satuttaa toisia ihmisiä kun vihan ja kateuden kaltaiset pahat piirteet kohtaavat Saatanan työt. Tämän kehittyessä pidemmällä he voivat jopa tehdä murhan syntiä.

Saatanan työt ajatusten portin kautta

Ihmiset omaavat totuuden ja epätotuuden sydämen. Pyhä Henki saapuu meidän sydämeemme ja liikuttaa meidän totuuden sydäntämme kun me otamme Jeesuksen Kristuksen vastaan ja tulemme Jumalan lapseksi. Tämä tarkoittaa sitä että me kuulemme Pyhän Hengen äänen sydämemme sisällä. Saatana taas tekee työtään ulkoapäin ja niin se tarvitsee portin jonka kautta tunkeutua ihmisten sydämeen. Tämä portti löytyy ihmisten ajatuksista.

Ihmiset hyväksyvät sen mitä he näkevät, kuulevat ja oppivat tunteiden säestämänä ja he säilövät tämän kaiken mieleensä ja sydämeensä. Oikeanlaisissa tilanteissa tai olosuhteissa nämä muistot ovat noudettavissa takaisin. Näitä kutsutaan 'ajatuksiksi.' Ajatukset eroavat sen mukaan minkälaisia tunteita sinulla oli kun sinä säilöit nämä muistot mieleesi. Jopa täysin samanlaisessa tilanteessa toiset voivat säilöä muistoja totuudessa totuuden ajatuksia ajatellen, kun taas toiset säilövät nämä muistot epätotuudessa epätotuuden ajatuksia ajatellen.

Suurimmalle osaa ihmisistä ei opeteta Jumalan Sanan totuutta. Tämän tähden heillä on sydämessään enemmän epätotuutta kuin totuutta. Saatana motivoi ja houkuttelee ihmisiä ajattelemaan epätotuuden mukaisia ajatuksia. Näitä kutsutaan 'lihallisiksi ajatuksiksi.' Ihmiset eivät voi noudattaa Jumalan lakia heidän kokiessa Saatanan tekoja. Heidät orjuutetaan synnin kautta ja lopulta he kohtaavat kuoleman (Room. 6:16; 8:6-7).

Millä tavalla Saatana ottaa ihmisten sydämen hallintaansa?

Yleensä Saatana tekee tekojaan ulkoapäin ihmisten ajatusten portin kautta. Tähän on kuitenkin poikkeuksia. Raamattu kertoo esimerkiksi kuinka Saatana meni Juudas Iskariotiin, yhteen Herra Jeesuksen kahdestatoista opetuslapsesta. Tässä se että 'Saatana meni häneen' tarkoittaa että hän hyväksyi jatkuvasti Saatanan tekoja ja antoi lopulta koko sydämemsä Saatanalle. Tällä tavalla Saatana otti hänet kokonaan hallintaansa.

Juudas Iskariot koki Jumalan voiman ihmeellisiä tekoja ja häntä opetettiin hyvyydessä hänen seuratessaan Jeeesusta. Juudas ei kuitenkaan heittänyt pois ahneuttaan ja niin hän varasti Jumalan rahaa opetuslasten kukkarosta (Joh. 12:6).

Hän oli myös ahne siinä että hän halusi mainetta ja kunniaa kun Messias, Jeesus, nousisi tämän maailman valtaistuimelle. Todellisuus kuitenkin erosi siitä mitä hän oli odottanut ja niin Saatana otti hänen ajatuksensa hallintaansa yksi kerrallaan. Lopulta Saatana kaappasi koko hänen sydämensä ja hän kavalsi Mestarinsa kolmestakymmenestä hopeapalasta. Me sanomme että Saatana menee johonkin kun Saatanalla on täysin kontrolli tämän henkilön sydämen suhteen.

Apt. t. 5:3 kertoo kuinka Pietari sanoi Ananiaksen ja Safiran sydänten olevan täynnä Saatanaa kun he kätkivät osan maansa myynnistä saamistaan rahoista ja valehtelivat Pyhälle Hengelle.

Pietari sanoi että tämä johtui siitä että samankaltaisia

tapauksia oli sattunut jo aikaisemmin. Tämän tähden 'Saatana meni häneen"' ja 'täynnä Saatanaa' tarkoittavat että Saatana on henkilön sydämessä ja tämä henkilö alkaa tehdä pahoja tekoja. Hengellisin silmin katsottuna Saatana muistuttaa tummaa savua. Tummaa savua muistuttava pimeyden savu ympäröi paljon Saatanan tekoja tekeviä ihmisiä. Jotta me voisimme välttyä Saatanan tekojen tekemiseltä meidän pitää ensiksi leikata pois kaikki epätotuuden ajatukset. Sinun pitää myös repiä itsestäsi epätotuuden ajatukset. Tämä tarkoittaa pohjimmiltaan sitä että meidän pitää hankkiutua eroon siitä antennista jonka avulla me voimme kuunnella Saatanan 'radioaaltoja.'

Paholainen ja demonit

Paholainen on osa enkeleistä jotka lankesivat Lusiferin kanssa. Toisin kuin Saatana nämä enkelit omaavat tietyn muodon. Niiden tummat hahmot omaavat kasvot, silmät, nenän, korvat ja suun kuten enkelitkin. Niillä on myös kädet ja jalat. Paholainen saa ihmiset tekemään syntiä ja tuottaa heille koettelemuksia ja vaikeuksia.

Tämä ei kuitenkaan tarkoita että paholainen menisi ihmisiin tämän tekemiseksi. Saatanan käskystä paholainen hallitsee ihmisiä jotka ovat antaneet sydämensä pimeydelle ja se saa ne tekemään pahoja tekoja jotka eivät ole hyväksyttäviä. Joskus paholainen kuitenkin hallitsee tiettyjä ihmisiä suoraan omina instrumentteinaan. Henkensä paholaiselle myyneet velhojen ja noitien kaltaiset ihmiset ovat paholaisen hallitsemia. Nämä ihmiset saavat myös muut ihmiset tekemään pahoja tekoja. Tämän tähden Raamattu sanoo että syntejä tekevät ihmiset kuuluvat paholaiselle (Joh. 8:44; 1. Joh. 3:8).

Joh. 6:70 sanoo: *"Jeesus vastasi heille: 'Enkö minä ole valinnut teitä, te kaksitoista? Ja yksi teistä on perkele.'"* Jeesus puhui tässä Juudas Iskariotista joka tulisi kavaltamaan Hänet. Tämänkaltaisesta henkilöstä on tullut synnin orja eikä hänellä ole mitään tekemistä pelastuksen kanssa. Hän on siis melkein kuin paholaisen poika. Saatana meni Juudakseen ja hallitsi tämän sydäntä saaden tämän kavaltamaan Jeesuksen. Tämä oli paholaisen teko. Paholainen on kuin keskiportaan johtaja joka saa ohjeensa Saatanalta ja aiheuttaa ihmisille sairauksia ja kipuja hallitsemiensa demonien kautta samalla kun se johdattaa näitä ihmisiä lankeamaan yhä syvemmälle pahuuteen.

Saatanalla, paholaisella ja demoneilla on oma hierarkiansa ja ne tekevät hyvin läheistä yhteistyötä. Ensiksi Saatana tekee työtä ihmisten epätotuuden mukaisten ajatusten parissa avatakseen portin paholaiselle. Seuraavaksi paholainen saa heidät tekemään lihan tekoja sekä muita paholaisen tekoja. Saatana tekee työtään meidän ajatustemme parissa ja paholainen saa ihmiset panemaan nämä ajatukset käytäntöön. Lopulta demonit menevät sellaisiin ihmisiin joiden pahat teot ovat ylittäneet tietyn rajan. Demoneiden mentyä ihmiseen tämä henkilö menettää vapaan tahtonsa ja muuttuu demonien sätkynukeksi.

Raamattu sanoo että demonit ovat pahoja henkiä jotka eroavat langenneista enkeleistä ja Lusiferista (Psalmi 106:28;

Jesaja 8:19; Ap. t. 16:16-19; 1. Kor. 10:20). Demonit ovat olleet ennen ihmisiä jotka omasivat hengen, sielun ja kehon. Osa tämän maan päällä eläneistä ihmisistä jotka ovat kuolleet ilman pelastusta palaavat takaisin maan päälle eräin tietyin ehdoin. Nämä ihmiset ovat demoneita. Suurimmalla osalla ihmisistä ei ole selvää käsitystä pahojen henkien maailmasta. Pahat henget yrittävät kuitenkin viedä aina yhden henkilön lisää tuhon tielle kunnes Jumalan asettama tuomion päivä vihdoin koittaa. Tästä syystä 1. Piet. 5:8 sanoo: *"Olkaa raittiit, valvokaa. Teidän vastustajanne, perkele, käy ympäri niinkuin kiljuva jalopeura, etsien, kenen hän saisi niellä."* Ef. 6:12 puolestaan sanoo: *"Sillä meillä ei ole taistelu verta ja lihaa vastaan, vaan hallituksia vastaan, valtoja vastaan, tässä pimeydessä hallitsevia maailmanvaltiaita vastaan, pahuuden henkiolentoja vastaan taivaan avaruuksissa."*

Meidän pitää pysytellä valppaina ja hengellisesti hereillä kaiken aikaa sillä me emme voi olla lankeamatta kuolemaan jos me elämme niinkuin pimeyden voimat yrittävät houkutella meitä elämään.

Luku 2
Minuus

Omahyväisyys syntyy kun meille opetetaan maailmallista epätotuutta totuutena.
Omahyväisyyden vahvistuessa ajatusmaailman puitteet muodostuvat.
Tällä tavalla muodostuvat ajatusmaailman puitteet
ovat siis henkilön omahyväisyyden juurtumista.

Kunnes 'minuus' on muodostunut

Omahyväisyys ja puitteet

Totuuteen kuuluvien sielun toimintojen omaaminen

Joka päivä minä olen kuoleman kidassa

Tämä tapahtui ennen kuin minä olin ottanut Herran vastaan. Minä kamppailin päivittäin sairauttani vastaan ja minun ainoa viihdykkeeni oli kamppailulajeista kertovien novellien lukeminen. Näiden novellien aiheena oli yleensä kosto. Tavallinen juoni kuuluu seuraavasti: Sankarin ollessa pieni lapsi hänen vanhempansa tapetaan vihollisen toimesta. Sankarin onnistuu välttää kuolema täpärästi perheensä palvelijan ansiosta. Kasvaessaan hän kohtaa taistelulajien mestarin ja lopulta hänestä tulee itsestä mestari ja hän kostaa vanhempiensa murhan viholliselleen. Näiden tarinoiden mukaan kostaminen on sankarillista ja vanhurskasta jopa oman henkensä uhalla. Jeesuksen opetukset Raamatussa eroavat kuitenkin näistä maailmallisista opetuksista.

Jeesus opettaa Metteuksen jakeissa 5:43-45 seuraavasti: *"Te olette kuulleet sanotuksi: 'Rakasta lähimmäistäsi ja vihaa vihollistasi.' Mutta minä sanon teille: rakastakaa vihollisianne ja rukoilkaa niiden puolesta, jotka teitä vainoavat, että olisitte Isänne lapsia, joka on taivaissa; sillä hän antaa aurinkonsa koittaa niin pahoille kuin hyvillekin, ja antaa sataa niin väärille kuin vanhurskaillekin."*

Minä olin elänyt hyvää ja rehellistä elämää. Suurin osa ihmisistä jotka tunsivat minut olisivat sanoneet että minä olin ihminen joka ei 'tarvinnut lakia.' Otettuani Herran vastaan minä kuitenkin tarkistelin itseäni herätyskokouksessa saarnatun Jumalan Sanan valossa. Minä ymmärsin että tavassani elää oli paljon asioita jotka olivat väärin. Minä häpesin itseäni sillä minä tajusin että käyttämäni kieli sekä minun ajatukseni ja jopa omatuntoni olivat väärin. Minä kaduin kauttaaltaan Jumalan edessä kun minä ymmärsin että elämäni elämä ei ollut lainkaan vanhurskasta.

Tuosta hetkestä alkaen minä olen yrittänyt tuhota omahyväisyyttäni ja omien ajatusteni raameja. Minä kielsin aikaisemmin luomani 'itseni' ja pidin sitä mitättömänä. Minä paastosin ja rukoilin taukoamatta heittääkseni epätotuudet pois sydämestäni. Tämän johdosta minä saatoin tuntea kuinka pahuus heitettiin minusta pois ja minä aloin kuulla Pyhän Hengen ääntä ja tuntea Hengen ohjausta.

Kunnes 'minuus' on muodostunut

Kuinka ihmiset muodostavat sydämensä ja arvonsa? Ensinnäkin meillä on meidän perintötekijämmme. Lapset muistuttavat vanhempiaan. He perivät vanhemmiltaan ulkonäön, tapojen, persoonallisten piirteiden ja muiden vastaavien kaltaisia geneettisiä piirteitä. Koreassa me sanomme että me saamme 'vanhempiemme veren.' Kyseessä ei ole kuitenkaan verestä vaan elämän energiasta, tai 'chistä.' 'Chi' on kaiken kehosta lähtöisin olevan energian kiteytymä. Minä tunnen perheen jonka pojalla on suuri syntymämerkki huulien yläpuolella. Tämän pojan äidillä oli samanlainen syntymämerkki samassa paikassa mutta hän poistatti sen lääkärillä. Tämä merkki kuitenkin perityi hänen pojalleen siitä huolimatta että hän oli itse hankkiutunut siitä eroon. Ihmisten siittiöt ja munasolut pitävät sisällään elämän energiaa. Nämä eivät pidä sisällään ainoastaan fyysistä ulkomuotoa koskevia tekijöitä vaan myös luonnetta, tempperamenttia, älykkyyttä ja tapoja koskevia tekijöitä. Lapsi muistuttaa isäänsä enemmän jos isän chi on äidin chitä voimakkaampi. Jos äidin chi on vahvempi niin silloin lapsi puolestaan muistuttaa enemmän äitiään. Tämä tekee jokaisen lapsen sydämestä erilaisen.

Henkilön kasvaessa ja kypsyessä he oppivat paljon eri asioita mitkä tulevat osaksi sydämen peltoa. Noin viiden vuoden iästä alkaen ihmiset alkavat muodostaa 'minuuttaan' sen mukaan mitä he ovat nähneet, kuulleet ja oppineet. Noin kahdentoista vuoden iässä lapset alkavat muodostaa arvoja joiden avulla he arvioivat maailmaa. Kahdeksantoista vuoden iässä henkilön 'minuus' kovettuu entisestään. Ongelma on kuitenkin se että me pidämme monia vääriä asioita oikeina ja muistamme ne totuutena.

Me opimme tässä maailmassa paljon epätotuuden asioita. Tottakai me opimme koulussa paljon asioita jotka ovat sekä käytännöllisiä että tarpeellisia elämässämme mutta meille opetetaan kuitenkin myös asioita jotka eivät ole totta, kuten esimerkiksi evoluutioteoriaa. Myös vanhemmat opettavat lapsilleen epätotuuden asioita ikäänkuin ne olisivat totta.

Kuvittele että ulkona leikkinyt lapsi tulee kotiin ja sanoo että tonen lapsi on lyönyt häntä. Hänen vanhempansa voivat sanoa turhautuneisuudessaan seuraavanlaisesti: "Sinä syöt kolme kertaa päivässä aivan kuten kaikki muutkin lapset ja sinun pitäisi olla yhtä vahva kuin hekin. Miten on mahdollista sinua sitten lyötiin? Jos toiset lapset lyövät sinua kerran niin lyö heitä kolme kertaa takaisin.! Eikö sinulla ole kaksi kättä ja jalkaa niinkuin muillakin? Sinun pitää oppia pitämään huolta itsestäsi." Lapsia kohdellaan vähättelevästi jos heidän ystävänsä lyövät heitä. Minkälainen omatunto näille lapsille sitten kehittyy? He luultavasti tuntevat olevansa typeriä ja uskovat että on väärin antaa muiden lyödä itseään. Jos heitä lyödään kahdesti he luulevat että heillä on oikeus lyödä kahdesti takaisin. Toisin sanoen, he tekevät pahuutta luulen sen olevan oikein.

Kuinka sitten totuutta seuraavat vanhemmat opettaisivat lapsiaan? He tarkistaisivat tilanteen ja opettaisivat lastaan hyvyydellä ja totuudessa niin että he voivat olla rauhassa sanoen: "Sinun pitää yrittää ymmärtää häntä. Oletko sinä varma että sinä et tehnyt mitään väärin? Jumala sanoo meille että meidän pitää voittaa paha hyvyydellä."

Lapset voivat kehittää hyvän omatunnon jos heille opetetaan Jumalan Sanaa kaikissa tilanteissa. Suurin osa vanhemmista kuitenkin opettaa lapsilleen epätotuuksia ja valheita. Kun vanhemmat valehtelevat myös heidän lapsensa valehtelevat. Kuvittele, että tytär vastaa kotipuhelimeen kun se soi. Hän peittää mikrofonin kädellään niin että soittaja ei pysty kuulemaan mitä hän sanoo ja sanoo: "Isä, Tom-setä haluaa puhua kanssasi." Tämän jälkeen isä sanoo tyttärelleen: "Sano hänelle että minä en ole kotona."

Tytär kysyy näin isältään ennen kuin hän ojentaa tälle puhelimen sillä tämänkaltainen tapaus on tapahtunut aiemmin. Ihmiset oppivat paljon epätotuudellisia asioita kasvunsa aikana ja tämän lisäksi he myös kehittävät itseensä tämänkaltaisia epätotuuksia tuomitsemalla ja arvostelemalla muita omien ajatustensa perusteella. Tällä tavalla muodostuu epätotuuden mukainen omatunto.

Suurin osa ihmisistä on itsekeskeisiä. He ajavat vain omia etujaan luullen samalla olevansa oikeassa. He luulevat muiden olevan väärässä jos näiden muiden ihmisten aikeet tai ideat eivät sovi yhteen heidän omien ajatustensa kanssa. Myös nämä toiset ihmiset ajattelevat samalla tavalla. On aikeaa saapua yhteisymmärrykseen jos kaikki ajattelevat tällä tavalla. Tämä sama pätee myös toisilleen läheisiä oleviin ihmisiin kuten aviopuolisoihin tai lapsiin ja vanhempiin. Suurin osa ihmisistä muodostaa 'minuutensa' tällä tavalla ja niin kenenkään ei pidä uskoa että ainoastaan hänen 'minuutensa' on oikeassa.

Omahyväisyys ja puitteet

Monet muodostavat arvomaailmansa ja standardinsa epätotuuteen kuuluvien sielun operaatioiden kautta. Tämän johdosta he elävät omahyväisyydessään ja omien puitteidensa mukaisesti. Tämä omahyväisyys muodostuu kun he ottavat vastaan ja hyväksyvät maailmallisia totuutena pitämiään epätotuuksia. Omahyväiset ihmiset eivät ainoastaan aina usko olevansa oikeassa standardiensa ansiosta vaan omahyväisydessään he myös yrittävät pakottaa mielipiteitään ja uskojaan myös muille.

Kovettuessaan tämä omahyväisyys muuttuu ajatustemme puitteiksi. Toisin sanoen, nämä puitteet ovat systemaattisesti muodostettu oamhyväisyytemme rakenne. Nämä puitteet perustuvat meidän yksilöllisiin persoonallisuuksiimme, makuihimme, tapoihimme, teorioihimme ja ajatuksiimme. On tilanteita joissa molemmat vaihtoehdot ovat sopivia mutta vaihtoehdosta tulee osa puitteitamme jos sinä pidät kiinni vain yhdestä vaihtoehdosta mikä kivettyy mielessäsi. Tällöin sinä alat olla kohtelias ja ymmärtäväinen sinun prioriteettisi, piirteesi ja mielipiteitäsi jakavia ihmisiä kohtaan samalla kun sinä kasvat kärsimättömämmäksi niitä kohtaan jotka eivät ole kanssasi samaa mieltä.

Tämä johtuu sinun henkilökohtaisista puitteista. Tuore aviopari saattaa kinastella pienistä asioista. Aviomiehen mielestä hammastahnatuubia pitää puristaa sen pohjasta kun taas vaimo saattaa ajatella ettei sillä ole mitään väliä mistä tuubia puristestaan. Tämä pari tulee väistämättä kohtaamaan ongelmia jos he molemmat pitävät kiinni periaatteestaan. Pariskunnan konflikti on peräisin heidän puitteistaan jotka ovat johtaneet toisistaan eroaviin henkilökohtaisiin tapohin.

Kuvittele että yhtiössä on työntekijä joka tekee kaiken itse ilman mitään apua keneltäkään muulta. On ihmisiä joilla on tapana tehdä kaikki itse koska he ovat peräisin vaikeista olosuhteista missä heidän on täytynyt työskennellä yksin. Tämä ei siis johdu siitä että he olisivat ylpeitä. On siis epäsopivaa tuomita tai arvostella tämänkaltainen henkilö ylpeäksi tai omahyväiseksi.

Useimmiten ihmisten omahyväisyys ja hänen henkilökohtaiset puitteensa ovat virheellisiä jos niitä tarkastellaan totuuden valossa. Tämä virheellisyys nousee epätotuuden sydämestä joka ei palvele muita ja mikä ajaa vain omaa etuaan. Jopa uskovat omaavat omahyväisyyttä sekä puitteita joiden olemassaolosta he eivät ole itse tietoisia.

He kuvittelevat tietävänsä totuuden koska he ovat kuunnelleet Jumalan Sanaa ja heittäneet syntejään pois. Ollen teoistaan tietoisia he osoittavat omahyväisyytensä. He arvostelevat ja tuomitsevat toisia siitä kuinka nämä elävät uskon elämäänsä. He myös vertaavat itseään muihin ja pitävät itseään muita parempina. Yhdessä vaiheessa he ovat nähneet muissa ihmisissä ainoastaan näiden parhaat puolet mutta myöhemmin he ovat alkaneet muuttua ja nyt he näkevät ainoastaan muiden virheet. He pitävät kiinni omista mielipiteistään mutta sanovat tekevänsä näin 'Jumalan kuningaskunnan puolesta.'

On ihmisiä jotka puhuvat kuin he tietäisivät kaiken ja olisivat vanhurskaita. He puhuvat aina muiden virheistä ja arvostelevat lähimmäisiään. Tämä tarkoittaa sitä että he näkevät ainoastaan muiden virheitä ollen samalla sokeita omille virheilleen. Meissä on kaikissa omahyväisyyttä ja me kehitämme omia puitteitamme ennenkuin me muutumme täysin totuuden toimesta. Mitä enemmän pahuutta meillä on sydämessämme sitä enemmän meillä on epätotuuteen kuuluvia sielun toimintoja. Tämän johdosta me tuomitsemme ja arvostelemme muita omassa omahyväisyydessämme ja omien puitteidemme perusteella. Voidaksemme kokea hengellistä kasvua meidän tulee pitää kaikia ajatuksiamme ja teorioitamme yhtä tyhjän kanssa. Meidän pitää tuhota omahyväisyytemme ja puitteemme ja omata ainoastaan totuuteen kuuluvia sielun toimintoja.

Totuuteen kuuluvien sielun toimintojen omaaminen

Me voimme kokea hengellistä kasvua ja muuttua Jumalan uskolliseksi lapseksi kun me muutamme sielumme epätotuuteen kuuluvat toiminnot totuuden mukaiseksi. Mitä meidän pitää sitten tehdä omataksemme totuuteen kuuluvia sielun toimintoja?

Ensiksi meidän pitää tutkiskella kaikkea totuuden valossa

Kaikki ihmiset omaavat erilaisen omatunnon ja maailman standardit vaihtelevat aikojen, sijainnin ja kulttuurin mukaisesti. Erilaisia arvoja omaavat ihmiset voivat paheksua tekojasi vaikka sinä itse uskotkin toimivasi oikein. Ihmiset muodostavat arvoja ja hyväksyttäviä käytöstapoja eri ympäristöissä ja kulttuureissa ja niin meidän ei pidäkään arvostella muita omien standardiemme perusteella. Ainoa ja ylin standardi minkä avulla hyvä voidaan erottaa pahasta ja totuus epätotuudesta on Jumalan Sana mikä on itse totuus.

Monet maailmallisten ihmisten hyvinä pitämät asiat sopivat yhteen Raamatun kanssa kun taas monet eivät. Kuvittele, että yksi ystävistäsi on tehnyt rikoksen josta sinun toista ystävääsi syytetään virheellisesti. Monien mielestä tässä tilanteessa olisi hyväksyttävää olla paljastamatta ystäväsi osallisuutta tähän rikokseen. Sinun tekosi eivät kuitenkaan voi olla koskaan Jumalan silmissä hurskaita jos sinä pysyttelet hiljaa vaikka sinä tiedät että viaton henkilö tulee tuomituksi tästä rikoksesta.

Ennenkuin minä uskoin Jumalaan minulla oli tapana sanoa että minä olin jo syönyt jos minä vierailin ystäväni luona ruoka-aikaan ja minulta kysyttiin olinko minä jo syönyt. Minä en koskaan pitänyt tätä vääränä sillä minä sanoin näin ystäväni eduksi. Hengellisesti tämä voi kuitenkin olla tahra Jumalan silmissä sillä me emme puhu totta vaikka kyseessä ei olekaan synnissä. Minä aloin käyttää toisenlaista ilmaisua kun minä ymmärsin tämän ja minä aloin tunnustamaan että minä en ollut syönyt mutta että minä en kuitenkaan halunnut syödä juuri silloin.

Voidaksemme tarkkailla kaikkea Jumalan Sanan valossa meidän pitää kuunnella ja opiskella Totuuden sanaa ja pitää se sydämessämme. Meidän pitää lukea Raamattua ja hankkiutua eroon vääristä standardeistamme joita me olemme muodostaneet tämän maailman epätotuuden perusteella. Meidän pitää heittää kaikki asiat pois, olivat ne sitten kuinka viisaita maailmallisesti katsottuna, jos ne eivät sovi yhteen Jumalan Sanan kanssa.

Toiseksi, meidän tunteidemme tulee olla totuudenmukaisia jotta me voisimme omata totuuteen kuuluvia sielun toimintoja.

Meidän tavallamme säilöä kokemuksiamme on tärkeä rooli kun me yritämme tuntea totuuden mukaisesti. Minä olen nähnyt kuinka äiti toruu lastaan, sanoen: "Jos sinä teet tuolla tavalla meidän pastorimme tulee torumaan sinua." Hän saa lapsensa tuntemaan että pastori on pelottava henkilö. Tämänkaltainen lapsi tulee pelkäämää ja kenties välttämäänkin pastoria sen sijaan että hän pysyttelisi tämän lähellä kasvaessaan kohti aikuisuutta.

Kauan aikaa sitten minä näin elokuvan joka kertoi tytöstä jolla oli elefantti ystävänään. Tämä elefantti oli niin ystävällinen että sillä oli tapana kietoa kärsänsä tytön kaulan ympäri. Eräänä päivänä myrkyllinen käärme kietoi itsensä tytön kaulan ympäri tämän nukkuessa. Tyttö olisi pelästynyt ja kauhuissaan jos hän olisi tiennyt tämän olevan myrkyllinen käärme. Tytön silmät olivat kuitenkin ummessa ja hän luuli käärmettä elefantin kärsäksi. Tämän tähden tyttö ei ollut lainkaan peloissaan vaan hän tunsi pelkkää ystävällisyyttä. Tunteet siis vaihtelevat meidän ajatustemme mukaisesti.

Meidän tunteemme muuttuvat sen mukaan kuinka me

ajattelemme. Matoja, toukkia ja tuhatjalkaisia inhoavat ihmiset nauttivat kanan mausta siitä huolimatta että kanat syövät näitä samoja hyönteisiä. Me näemme tästä kuinka meidän tunteemme riippuvat siitä mitä me ajattelemme jostakin. Meidän pitää aina ajatella ja tuntea hyvyyden mukaisesti siitä huolimatta minkälaisia ihmisiä me näemme ja minkälaisia tekoja me teemme.

Meidän pitää ennenkaikkea nähdä, kuulla ja säilöä sydämeemme vain hyviä asioita jos me haluamma ajatella ja tuntea vain hyvyyttä. Tämä pitää erityisesti paikkansa tänä päivänä jolloin me voimme nähdä melkein mitä tahansa mediassa tai internetissä. Meidän ympärillämmeon enemmän pahuutta, julmuutta, väkivaltaa, huijaamista, itsekeskeisyyttä, kavaluutta, ja petturuutta kuin koskaan aikaisemin historian aikana. Pitääksemme itsemme totuudessa on parempi että me emme näe, kuule tai säilö sydämeemme näitä kokemuksia. Vaikka meidän pitääkin kohdata näitä asioita elämämme aikana me voimme silti säilöä sydämeemme totuuden ja hyvyyden asioita tuonakin hetkenä. "Kuinka?" sinä saatat kysyä.

Esimerkiksi paljon tarinoita riivaajista ja vampyyreistä kuulleet nuoret voivat pelätä näitä asioita varsinkin jos he ovat yksin pimeässä kauhuelokuvan jälkeen. He vapisevat ja pelkäävät jos he kuulevat otoja ääniä tai näkevät pelottavia varjoja. Jopa pienikin asia saattaa ajaa henkilön shokkiin jos he ovat yksin.

Jumala kuitenkin suojelee meitä eivätkä pahat henget voi koskea meihin jos me elämme kirkkaudessa.Tämän sijaan nämä henget pelkäävät ja vapisevat meistä loistavan hengellisen kirkkauden edessä. Me voimme muuttaa meidän tunteemme jos me ymmärrämme tämän tosiasian. Me ymmärrämme sydämessämme että pahat henget eivät ole pelottavia ja niin myös meidän tunteemme voivat muuttua. Meillä on voima alistaa pimeyden maailma ja niin me voimme ajaa demonit pois Jeesuksen Kristuksen nimessä.

Puhukaamme nyt tapauksesta jossa ihmiset kokivat epäsopivia tunteita. Tämä tapahtui kun minä olin pyhiinvaellusmatkalla kirkon jäsenten kanssa 20 vuotta sitten. Me näimme alastonta miestä esittävän patsaan eräällä stadionilla Kreikassa. Patsaan kaiverrus kehotti terveen kansakunnan perustuksina olevia nuoria urheilemaan ja liikkumaan. Tämän patsaan luona minä näin kuinka minun kirkkoni jäsenet erosivat muista eurooppalaisista turisteista.

Joillakin naisilla ei ollut mitään ongelmia ottaa itsestään valokuva tämän patsaan edessä kun taas kirkon naisjäsenet punastelivat tämän patsaan nähdessään. Nämä jäsenet välttivät tätä paikkaa ikäänkuin he olisivat nähneet jotakin mitä heidän ei olisi pitänyt nähdä. Syy siihen että nämä henkilöt punastuivat johtui siitä että heillä oli haurea mieli. Heillä on sopimaton asenne alastomuuteen ja tämä tuli esiin kun he näkivät tämän alastoman patsaan. Jotkut saattavat jopa tumita ihmisiä jotka tutkiskelevat patsasta sen läheltä. Eurooppalaiset turistit eivät kuitenkaan näyttäneet tuntevan lainkaan häpeää tai muuta vastaavaa. He tarkastelivat patsasta arvostaen sitä sen taiteellisuuden johdosta.

142

Tässä tapauksessa kenenkään ei pidä tuomita näitä eurooppalaisia turisteja sanoen heidän olevan häpeämättömiä. Meidän ei tarvitse hävetä millään tavalla jos me ymmärrämme erilaisia kulttuureja ja muutamme epätotuuden tunteet totuuden tunteiksi. Aatami eli alasti ennenkuin hän oppi lihan tietoutta ilman että hänen mielensä olisi ollut lainkaan haurea, ja hänen elämänsä oli erittäin kaunista.

Kolmanneksi, meidän ei pidä hyväksyä asioita pelkästään meidän omasta perspektiivistämme jos me haluamme omata totuuteen kuuluvia sielun toimintoja.

Sinun sieluusi kehittyy paljon epätotuuteen kuuluvia toimintoja jos sinä hyväksyt asioita ja toimintoja pelkästään sinun oman tilanteesi, ajatusmaailmasi ja kokemuksesi perusteella. Sinä luultavasti lisäilet tai poistat kuulemistasi sanomista omien ajatustesi mukaisesti. Sinä saatat käsittää väärin, tuomita, arvostella ja herättää pahoja tuntemuksia tämän johdosta.

Kuvittele, että onnettomuudessa loukkaantunut henkilö valittaa kovasti kivuistaan. Sellaiset henkilöt jotka eivät ole kokeneet vastaavaa kipua tai jotka omaavat korkean kipukynnyksen voivat luulla että tämä henkilö valittaa pienestä asiasta. Sinä tulet kantamaan epätotuuden mukaisia sielun toimintoja jos sinä hyväksyt muiden sanat oman tilanteesi tai kokemuksesi perusteella. Sinä kykenet ymmärtämään muiden näkökannan jos sinä yrität ymmärtää häntä ja hänen kipunsa suuruutta.

Sinä voit olla rauhassa kaikkien kanssa jos sinä ymmärrät toisen henkilön tilannetta ja hyväksyt hänet ihmisenä. Tällöin hänen ei tarvitse vihata tätä toista henkilöä tai tuntea mitään muuta epämukava tunnetta. Sinä et vihaa ketään vaan rakastat ja tunnet häntä kohtaan armoa jos sinä ajattelet häntä ennen sinua itseäsi siitä huolimatta että hän on aiheuttanut sinulle vastoinkäymisiä tai satuttanut sinua. Sinä voit rakastaa jopa vihollisiasi jos sinä olet tietoinen meidän puolestamme ristiinnaulitun Jeesuksen rakkaudesta ja Jumalan armosta. Stefanus on tästä hyvä esimerkki. Hän ei vihannut häntä vainonneita ihmisiä vaan rukoili heidän puolestaan samaan aikaan kun he kivittivät häntä.

Joskus me voimme kuitenkin huomata että totuuteen kuuluvien sielun operaatioiden omaaminen ei ole yhtä helppoa kuin me haluaisimme. Tämän tähden meidän pitää olla aina valppaita meidän sanojemme ja tekojemme suhteen yrittäen muuttaa sielumme epätotuuden operaatiot totuuteen kuuluviksi. Me voimme omata totuuteen kuuluvia sielun operaatioita Jumalan armossa ja voimassa sekä Pyhän Hengen avulla kun me rukoilemme ja jatkamme yrittämistä.

Joka päivä minä olen kuoleman kidassa

Apostoli Paavali vainosi kerran kristittyjä voimakkaan omahyväisyytensä ja puitteitensa tähden. Kohdattuaan Herran hän kuitenkin tajusi että hänen omahyväisyytensä ei ollut oikein ja hän alensi itsensä niin täydellisesti että hän alkoi pitää kaikkea omistamaansa roskana. Ensin hän kamppaili sydämessään ymmärrettyään että hän kantoi sisällään pahuutta joka kamppaili hyvyyden kanssa (Room. 7:24).

Paavali kuitenkin tunnusti kiitollisesti, uskoen että elämän ja Pyhän Hengen laki Jeesuksessa Kristuksessa vapautti hänet kuoleman ja synnin laista. Hän sanoo jakeessa Room. 7:25 seuraavasti: *"Kiitos Jumalalle Jeesuksen Kristuksen, meidän Herramme, kautta! Niin minä siis tämmöisenäni palvelen mielellä Jumalan lakia, mutta lihalla synnin lakia"* sekä 1. Kor. 15:31 seuraavasti: *"Joka päivä minä olen kuoleman kidassa, niin totta kuin te, veljet, olette minun kerskaukseni Kristuksessa Jeesuksessa, meidän Herrassamme."*

Hän sanoi olevans päivittäin kuoleman kidassa, mikä tarkoittaa että hän ympärileikkasi sydämensä päivittäin. Tämä tarkoittaa sitä että hän heitti pois ylpeyden, vihan, tuomitsemisen, kiivauden, ylpeyden ja ahneuden tapaisia epätotuuksia. Tunnustuksensa mukaisesti hän heitti nämä epätotuudet pois kamppailemalla niitä vastaan aina veren vuodatukseen saakka. Jumala antoi hänelle armoa ja voimaa ja Pyhän Hengen avulla hänestä tuli hengen ihminen joka omasi vain totuuden mukaisia sielun operaatioita. Lopulta hänestä tuli voimallinen apostoli joka levitti evankeliumia ihmeitä ja merkkejä tehden.

Luku 3
Lihan asiat

Ihmiset tekevät kateuden, mustasukkaisuuden,
tuomitsemisen ja haureuden syntiä mielessään.
Nämä synnit eivät näy ulospäin mutta silti ne ovat syntiä
niiden sisältämien syntisten piirteiden tähden.

Liha ja ruumin teot

Mitä tarkoittaa 'Liha on heikkoa'

Lihan asiat: Mielessä tehdyt synnit

Lihan himo

Silmien himo

Elämän korskeus

Kuolleen hengen omaavien ihmisten sielusta tulee heidän kehonsa isäntä ja hallitsija. Kuvittele, että sinä olet janoinen ja haluat juoda jotakin. Tällöin sinun sielusi käskee sinun käsiäsi nostamaan lasin ja tuomaan sen huulillesi. Jos joku kuitenkin puhuu sinulle tuolla hetkellä loukkaavasti sinä saatat suuttua ja rikkoa tämän lasin. Minkälaisesta sielun toiminnosta tässä on kyse?

Tämä tapahtuu kun Saatana yllyttää lihaan kuuluvaa sielua. Ihmiset saavat paholaisen ja Saatanan tekoja sen mukaan kuinka paljon epätotuutta heissä on. He omaavat epätotuuden ajatuksia jos he ottavat vastaan Saatanan tekoja ja he tekevät epätotuuden tekoja jos he ottavat vastaan paholaisen tekoja.

Ajatus lasin rikkomisesta kiivastuksessa on Saatanan antama mutta jos sinä menet ja rikot tämän lasin kyseessä on paholaisen työstä. Ajatusta kutsutaan 'lihan asiaksi' ja tätä tekoa kutsutaan 'lihan teoksi.' Paholainen ja Saatana on istuttanut meihin syntisiä piirteitä aina Aatamin lankeamuksesta saakka ja nämä piirteet ovat sulautuneet yhteen ihmisten kehojen kanssa. Tästä syystä me omaamme epätotuuteen kuuluvia sielun toimintoja ja tekoja.

147

Liha ja ruumiin teot

Room. 8:13 sanoo: "...*Sillä jos te lihan mukaan elätte, pitää teidän kuoleman; mutta jos te Hengellä kuoletatte ruumiin teot, niin saatte elää.*"

Tässä 'teidän pitää kuoleman' tarkoittaa että meidän pitää kohdata ikuinen kuolema, helvetti. Liha ei siis viittaa ainoastaan meidän fyysiseen kehoomme vaan sillä on myös hengellinen merkitys.

Seuraavaksi jae sanoo että me voimme elää jos me kuoletamme ruumiin teot Hengellä. Tarkoittaako tämä sitten että meidän pitää hankkiutua istumisen, makaamisen ja syömisen kaltaisista kehon toiminnoista? Ei tietenkään! Tässä ruumis tai keho viittaa kuoreen tai astiaan josta Jumalan ihmisille antama hengellinen tietous on valunut pois. Meidän pitää ymmärtää minkälainen olento Aatami oli voidaksemme ymmärtää tämän hengellinen merkitys.

Aatamin keho oli katoamaton ja arvokas hänen ollessa vielä elävä henki. Hän ei ikääntynyt eikä hän voinut kuolla tai kadota. Hän omasi kirkkaan, kauniin ja hengellisen kehon. Hän käytöksensä oli arvokkaampaa ja jalompaa kuin kenenkään tämän maan päällä eläneen aatelisen. Aatamin kehosta tuli kuitenkin arvoton keho joka ei eronnut juuri eläinten kehoista siitä alkaen kun hän teki häneen mennyttä syntiä.

Anna minun esittää vertauskuva. Sanotaan että on kuppi joka pitää sisällään nestettä. Tätä kuppia voidaan verrata meidän kehoomme ja siinä olevaa nestettä henkeemme. Samanlainen kuppi voi pitää sisällään erilaisia arvoja sen mukaan minkälaista nestettä se pitää sisällään. Sama koski Aatamin kehoa.

Elävänä henkenä Aatami omasi ainoastaan rakkauden, hyvyyden, totuudenmukaisuuden ja vanhurskauden kaltaista totuuden tietoutta sekä Jumalan hänelle antamaa Jumalan kirkkautta. Hänen henkensä kuollessa hänessä oleva totuus valui hänestä ulos ja korvautui paholaisen ja Saatanan antamilla lihallisilla asioilla. Aatami muuttui osaksi häneä tulleiden epätotuuksien tähden. Raamattu phuu hengellä kuolletetuista ruumin teoista. Tässä ruumiin tai kehon teot viittaavat epätotuuksien kanssa yhtyneestä kehosta peräisin oleviin tekoihin.

On esimerkiksi ihmisiä jotka heristävät nyrkkiään, paiskovat ovia ja käyttäytyvät muutenkin väkivaltaisesti kun he ovat vihaisia. Toiset käyttävät kirosanoja jokaisessa lauseessaan kun taas toiset katsovat vastakkasien sukupolven edustajia irstaasti tai käyttäytyvät muutoin vastenmielisesti.

Kehon teot viittaavat selvien syntien lisäksi myös tekoihin jotka eivät ole Jumalan silmissä täydellisiä. Monet ihmiset osoittavat sormellaan ihmisiä tai muita asioita puhuessaan. Toiset taas kohottavat äänensä keskustellessaan niin että he kuulostavat melkein siltä kuin he riitelisivät. Nämä asiat saattavat vaikuttaa vähäpätöisiltä mutta ne ovat kaikki tekoja jotka ovat peräisin epätotuuden kanssa yhtyneestä kehosta.

Raamattu käyttää usein sanaa 'liha.' Jakeessa Joh. 1:14 käyttää sanaa sen kirjaimellisessa merkityksessä. *"Ja Sana tuli lihaksi ja asui meidän keskellämme, ja me katselimme hänen kirkkauttansa, senkaltaista kirkkautta, kuin ainokaisella Pojalla on Isältä; ja hän oli täynnä armoa ja totuutta."* Useimmiten Raamatt käyttää tätä sanaa sen hengellisessä mielessä.

Room. 8:5 sanoo: *"Sillä niillä, jotka elävät lihan mukaan, on lihan mieli, mutta niillä, jotka elävät Hengen mukaan, on Hengen mieli."* Room. 8:8 sanoo *"...Jotka lihan vallassa ovat, ne eivät voi olla Jumalalle otolliset."*

Tässä lihasta puhutaan sen hengellisessä mielessä ja sillä viitataan syntisten piirteiden kanssa sulautuneeseen kehoon. Tämä on syntisten piirteiden ja kehon sulautuma josta totuuden tietous on valunut ulos. Paholainen ja Saatana yrittää istuttaa ihmisiin erilaisia syntisiä piirtetä jotka sulautuvat yhteen kehon kanssa. Nämä piirteet eivät näy tekoina saman tien mutta ne ovat jatkuvasti läsnä ihmisissä niin että ne voivat tulla esiin milloin tahansa.

Me sanomme että nämä lihalliset piirteet ovat 'lihan asioita' kun me puhumme niistä. Viha, kateus, mustasukkaisuus, kavaluus, petollisuus, ylpeys, viha, tuomitseminen, arvostelu, haureus ja ahneus ovat yhdessä 'lihaa', ja yksittäin niitä kutsutaan 'lihan asioiksi.'

Mitä tarkoittaa 'liha on heikko?'

Jeesuksen opetuslapset nukkuivat kun Hän rukoili Getsemanessa. Jeesus sanoi Pietarille: *"Valvokaa ja rukoilkaa, ettette joutuisi kiusaukseen; henki tosin on altis, mutta liha on heikko"* (Matt. 26:41). Tämä ei kuitenkaan tarkoita että opetuslapset olisivat olleet fyysisesti heikkoja. Pietari oli alunperin kalastaja ja siten luultavasti sangen roteva ruumiltaan. Mitä sitten tarkoittaa että 'liha on heikko?'

Tämä tarkoittaa sitä että Pietari oli lihan ihminen joka ei ollut heittänyt vielä syntejään pois. Pietari ei ollut ottanut Pyhää Henkeä vielä vastaan ja niin hän ei ollut jalostanut kehostaan hengelle kuuluvaa. Henkilön sielu ja kehot ovat hänen henkensä alaisia jos hän heittää syntinsä pois ja menee henkeen, eli jos hänestä tulee hengen ja totuuden ihminen. Täten sinä voit välttyä nukahtamiselta vaikka sinä olisitkin fyysisesti väsynyt jos sinä haluat sydämessäsi pysytellä hereillä.

Tuohon aikaan Pietari ei ollut vielä mennyt henkeen ja niin hän ei pystynyt hallitsemaan väsymyksen ja laiskuuden kaltaisia lihallisia piirteitä. Niin hän ei pystynyt pysyttelemään hereillä vaikka hän niin halusikin. Hän oli fyysisten voimiensa varassa ja niin hänen lihansa oli siis heikko.

Jeesuksen Krisuksen ylösnousemuksen jälkeen Pietari kuitenkin sai Pyhän Hengen osakseen. Nyt hän ei pystynyt vain hallitsemaan lihallisia piirtetään vaan myös parantamaan useita sairaita ihmisiä ja jopa herättämään kuolleita henkiin. Hän levitti evankeliumia niin vahvassa uskossa ja rohkeudella että hän valitsi

151

tulla ristiinnaulituksi pää alaspäin.

Jeesus puolestaan levitti Jumalan kuningaskunnan evankeliumia ja paransi ihmisiä päivin ja öin siitä huolimatta että Hän ei pystynyt syömään tai nukkumaan kunnolla. Hänen henkensä kuitenkin hallitsi Hänen kehoaan ja niin Hän pystyi rukoilemaan niin että hänen hikensä putosi maahan vesipisaroina jopa silloin kuin Hän oli erittäin väsynyt. Jeesuksessa ei ollut lainkaan perisyntiä eikä Hän tehnyt lainkaan syntiä elämänsä aikana. Täten Hän pystyi hallitsemaan kehoaan hengellään. Jotkut uskovat tekevät syntiä ja esittävät tekosyitä, sanoen että heidän lihansa on heikkoa. He kuitenkin sanovat näin koska he eivät tunnet ilmaisun hengellistä merkitystä. Meidän pitää ymmärtää että Jeesuksen ristillä vuodattama veri lunasti meidät syntiemme lisäksi myös meidän heikkouksistamme. Me voimme olla hengellisesti ja fyysisesti terveitä ja tehdä ihmisvoimille mahdottomia asioita jos me vain uskomme ja olemme Jumalan Sanalle kuuliaisia. Tämän lisäksi me saamme Pyhältä Hengeltä apua ja niin meidän ei siis pidäkään sanoa että me emme osaa rukoilla tai että meillä ei ole ollut muuta vaihtoehtoa kuin tehdä syntiä heikon lihamme tähden.

Lihan asiat: Mielessä tehdyt synnit

Ihmiset tekevät syntiä ajastustensa lisäksi myös teoillaan jos he ovat lihallisia ja he omaavat syntisiä piirteitä jotka ovat sulautuneet heidän kehoonsa. He huijaavat vaikeissa tilanteissa jos heissä on petollisuuden piirteitä. Kyseessä on 'lihan asia' jos he tekevät tätä syntiä tekojen sijaan sydämessään.

Kuvittele, että sinä näet kauniin korun joka kuuluu sinun naapurillesi. Sinä teet syntiä sydämessäsi jos sinä edes ajattelet sen ottamista tai varastamista. Suurin osa ihmisistä ei pidä tätä syntinä. Jumala kuitenkin tutkii meidän sydämemme ja jopa paholainen ja Saatana tuntevat ihmisten sydämen niin että ne voivat syyttää henkilöä hänen tekemistään synneistä ja hänen syntisistä ajatuksistaan, eli lihan asioista.

Jeesus sanoi Matteuksen jakeessa 5:28 seuraavasti: *"...Mutta minä sanon teille: jokainen, joka katsoo naista himoiten häntä, on jo sydämessään tehnyt huorin hänen kanssansa."* 1. Joh. 3:15 Hän sanoo: *"Jokainen, joka vihaa veljeänsä, on murhaaja; ja te tiedätte, ettei kenessäkään murhaajassa ole iankaikkista elämää, joka hänessä pysyisi."* Synnin tekeminen sydämessä tarkoittaa että sinä olet luonut perusteet synnin tekemiselle teoissasi.

Sinä voit hymyillä ja teeskennellä rakastavasi jotakuta vaikka sinä oikeasti vihaisit ja haluaisit lyödä häntä. Sinun vihasi kuohahtaa ja sinä saatata riidellä tai kinastella tämän henkilön kanssa jos jotakin tapahtuu ja sinä et pysty enää sietämään tilannetta. Sinä et kuitenkaan koskaan vihaa henkilöä vaikka hän tekeekin elämästäsi vaikeata jos sinä olet heittänyt pois vihaisen itsesi syntiset piirteet.

153

Room. 8:13 sanoo: "...*Sillä jos te lihan mukaan elätte,
pitää teidän kuoleman.*" Täten sinä tulet lopulta tekemään
lihan tekoja jollet sinä heitä pois sinussa olevia lihan asioita.
Raamattu kuitenkin sanoo: "*Mutta jos te Hengellä kuoletatte
ruumiin teot, niin saatte elää.*" On siis mahdollista tehdä pyhiä
ja Jumalan haluamia tekoja jos sinä heität lihan tekosi pois yksi
kerrallaan. Kuinka me siis voimme hankkiutua eroon lihallisista
asioista ja lihan teoista?

Room. 13:13-14 sanoo: "*Vaeltakaamme säädyllisesti, niin
kuin päivällä, ei mässäyksissä ja juomingeissa, ei haureudessa
ja irstaudessa, ei riidassa ja kateudessa, vaan pukekaa
päällenne Herra Jeesus Kristus, älkääkä niin pitäkö lihastanne
huolta, että himot heräävät.*" 1 Joh. 2:15-16 kuuluu seuraavasti:
"*Älkää rakastako maailmaa älkääkä sitä, mikä maailmassa
on. Jos joku maailmaa rakastaa, niin Isän rakkaus ei ole
hänessä. Sillä kaikki, mikä maailmassa on, lihan himo, silmäin
pyyntö ja elämän korskeus, se ei ole Isästä, vaan maailmasta.*"
Nämä jakeet kertovat meille että kaikki tämän maailman asiat
johtuvat lihan himosta, silmien himosta ja elämän halusta. Himo
on energian lähde joka ajaa ihmiset etsimään ja hyväksymään
katoavaista lihaa. Tämä on voimallinen voima joka saa ihmiset
pitämään ja rakastamaan maailmaa.

Palatkaamme seuraavaksi hetkeen jona käärme kiusasi Eevaa.
Genesis 3:6 sanoo: "*Ja vaimo näki, että siitä puusta oli hyvä
syödä ja että se oli ihana katsella ja suloinen puu antamaan*

ymmärrystä; ja hän otti sen hedelmästä ja söi ja antoi myös miehellensä, joka oli hänen kanssansa, ja hänkin söi."

Käärme sanoi Eevalle että hän pystyi tulemaan Jumalan kaltaiseksi. Syntinen luonne meni Eevaan ja asettui hänen lihakseen samalla hetkellä kun Eeva hyväksyi käärmeen sanat. Lihan himo meni Eevaan ja kielletty hedelmä alkoi näyttää hänen silmissään hyvältä. Silmien himo meni Eevaan ja hedelmästä tuli ilo hänen silmilleen. Elämän korkeus asettui Eevaan ja hän alkoi haluta hedelmää sen viisastavan vaikutuksen tähden. Eevan otettua himon vastaan hän alkoi tuntea halua hedelmän syömiseen. Eeva söi kiellettyä hedelmää. Aikaisemmin Eevalla ei ollut ollut mitään aikomuksia Jumalan Sanan rikkomiseen mutta hänen himojensa motivoimana hän alkoi katsella hedelmää ikäänkuin se olisi jotakin kaunista ja hyvää. Eeva halusi tulla Jumalan kaltaiseksi ja niin hän lopulta rikkoi Hänen käskyään.

Lihan himo, silmien himo ja elämän korkeus saavat meidät luulemaan että synti ja pahuus ovat hyviä ja ihania asioita. Tämä synnyttää lihallisia asioita mitkä puolestaan johtavat lihan tekoihin. Tämän tähden meidän pitää ensiksi leikata pois nämä kolme himon laatua jos me haluamme heittää pois lihalliset asiat. Vasta tämän jälkeen me voimme alkaa heittää pois lihaa meidän sydämestämme.

Eeva ei olisi pitänyt hedelmää hyvänä ruokana ja silmän ilona jos hän olisi tiennyt kuinka paljon kipua sen syöminen tulisi aiheuttamaan. Syömisen sijaan hän olisi kauhistellut edes hedelmän koskettamista puhumattakaan sen syömisestä. Samalla tavalla mekään emme rakastaisi maailmaa jos ymmärtäisimme kuinka suurta kipua tämän rakastaminen meille tuottaa ja kuinka se saattaa saada meidät lankeamaan helvetin rangaistukseen. Me voimme heittää lihan himot helposti pois kun me ymmärrämme kuinka arvottomia kaikki tämän maailman synnin tahrimat asiat ovat. Anna minun selittää tästä hieman enemmän.

Lihan himo

Lihan himo on lihan seuraamisen ja syntien tekemisen piirre. Lihan himo herää jos me omaamme vihan, kiivauden, itsekkyyden, aistillisuuden, kateuden tai ylpeyden kaltaisia piirteitä. Meidän uteliaisuutemme ja kiinnostuksemme kasvavat kun me kohtaamme tilanteen jossa meidän syntisiä piirteitämme herätellään. Tämä saa meidät pitämään syntiä hyvänä ja ihanana. Tässä vaiheessa lihan asiat paljastuvat ja kehittyvät lihan teoiksi.

Kuvittele, esimerkiksi että tuore uskova päättää lopettaa juomisen. Hänessä asuu kuitenkin yhä halu juoda mikä on itsessään lihallinen asia. Hän menee baariin tai muuhun paikkaan missä ihmiset juovat ja hänessä oleva lihan himo juoda alkoholia nostaa päätään. Tämä herättää miehen himon juoda ja saa hänet juomaan alkoholia ja humaltumaan.

Anna minun esittää toinen esimerkki. Meillä on tapana kuunnella muista kertovia juoruja jos me omaamme tuomitsemisen ja arvostelun piirteitä. Meistä voi olla hauskaa kuunnella ja levittää juoruja ja puhua muista ihmisistä. Me tunnemme olomme virkistyneeksi ja paremmaksi kun me olemme suuttuneet jollekin jos meissä on sisällämme vihaa ja me emme ole jonkin asian tai henkilön kanssa samaa mieltä. On kivuliaampaa ja kestämättömämpää jos me yritämme olla seuraamatta lihan piirteitä jotka yrittävät johdattaa meidät suuttumaan tai menettämään malttimme. Me saatamme myös haluta että toiset seuraavat tai palvelevat meitä näiden piirteidemme tähden. Jos meissä on himo rikastua me voimme haluta lisää omaisuutta siitä huolimatta että me tiedämme että meidän rikastumisemme tapahtuu toisten kustannuksella ja että se aiheuttaa toisille vahinkoa ja kärsimystä. Tämä lihan himo kasvaa sen mukaan mitä enemmän syntiä me teemme.

Mutta edes tuoreen uskovan lihan himo ei herää yhtä helposti jos hän rukoilee palavasti, saa osakseen armoa muiden jäsenten kanssa ollessaan ja on täynnä Pyhää Henkeä. Hän voi ajaa lihan himon välittömästi pois totuuden avulla vaikka lihan himo nostaisikin päätään jossakin hänen mielensä kolkassa. Hän kuitenkin antaisi paholaiselle ja Saatanalla tilaisuuden stimuloida hänen lihan himoaan jos hän lakkaisi rukoilemasta ja menettäisi Pyhän Hengen täyteyden.

Mikä on sitten tärkeää lihan himon poisleikkaamisessa? Tärkeintä on Pyhän Hengen täyteyden säilyttäminen niin että sinun halusi etsiä henkeä on vahvempi kuin sinun halusi etsiä lihaa. Meidän pitää olle hengellisesti hereillä kuten 1. Piet. 5:8 sanoo: *"Olkaa raittiit, valvokaa. Teidän vastustajanne, perkele, käy ympäri niinkuin kiljuva jalopeura, etsien, kenen hän saisi niellä."* Voidaksemme pysytellä valppaana meidän pitää jatkuvasti rukoilla palavasti. Me menetämme Pyhän Hengen täyteyden jos me lakkaamme rukoilemasta. Ei ole väliä vaikka me lakkaisimme rukoilemasta sen tähden että me olemme kiireisiä Jumalan työn tekemisen tähden. Jos me lakkaamme rukoilemasta me avaamme tien lihan himojen heräämiselle. Näin me alamme tehdä syntiä mielessämme ja kenties myöhemmin myös teoissamme. Tämän tähden Jeesus, Jumalan Poika, näytti hyvää esimerkkiä rukoilemalla jatkuvasti tauotta Hänen maanpäällisen elämänsä aikana. Hän ei koskaan lakannut rukoilemasta kommunikoidakseen Isä Jumalan kanssa ja täyttääkseen Hänen tahtonsa.

Sinä et tietenkään koe lihan himojen heräämistä jos sinä heität syntisi pois ja saavutat pyhittymisen. Näin sinä et alistu lihalle tai tee lihan syntiä. Tällä tavalla pyhittyneet eivät rukoile syntiensä poisheittämisen puolesta vaan saadakseen yhä enemmän Henkeä osakseen voidakseen tehdä yhä suurempia Jumalan valtakunnan tekoja.

Mitä jos meillä on ihmisjätettä vaatteillamme? Me emme vain pyyhkisi sitä pois vaan myös pesisimme tämän vaatteen saippualla hankkiutuaksemme siinä olevasta hajusta eroon. Me yllättyisimme jos me löytäisimme vaatteistamme madon tai toukan ja ravistelisimme sen saman tien pois. Sydämen synnit ovat kuitenkin paljon saastaisempia ja likaisempia kuin ihmisjäte tai mikään mato. Mat. 15:18 sanoo: *"Mutta mikä käy suusta ulos, se tulee sydämestä, ja se saastuttaa ihmisen."* Tämä vahingoittaa ihmistä luihin ja ytimiin ja aiheuttaa suurta tuskaa.

Mitä jos vaimo saa selville että hänen aviomiehellään on suhde? Kuinka kivuliasta tämä hänelle olisikaan! Sama pätee myös toisin päin. Tämä aiheuttaa perherauhan rikkovia riitoja ja voi jopa rikkoa itse perheen. Täten meidän pitää siis heittää pois meissä olevat lihan himot sillä se synnyttää syntiä ja epämiellyttäviä seuraamuksia.

Silmien himo

'Silmien himo' stimuloi sydäntä nähtyjen ja kuultujen asioiden avulla saaden henkilön etsimään lihallisia asioita. Nimestään huolimatta silmien himo tulee ihmisten sydämiin kaikkien niiden asioiden kautta mitä he näkevät, kuulevat ja tuntevat kasvaessaan aikuiseksi. Se mitä he ovat näkevät ja kuulevat liikuttavat heidän tunteitaan ja tämän kautta heille kehittyy silmien himoa.

Joskus kun sinä näet asioita sinä hyväksyt ne tietyn tunteen kera. Kun tällöin käy sinä usein koet tämän tunteen uudelleen jos sinä näet tämän saman näyn toistamiseen. Sinun ei myöskään tarvitse pakosti edes nähdä tätä asiaa toistamiseen sillä joskus riittää että sinä kuulet jostakin mikä muistuttaa sinua aikaisemmasta kokemuksesta ja tämä herättää sinun lihasi himoa johdattaen sinut lopulta tekemään syntiä.

Mitä tapahtui kun Daavid näki Baatseban, Uurian vaimon, kylpemässä? Hän ei heittänyt pois silmiensä himoa vaan hyväksyi sen antaen sen synnyttää lihan himon joka antoi hänelle halun ottaa tämä nainen. Lopulta Daavid otti Baatseban ja teki jopa syntiä lähettämällä tämän aviomiehen taistelun etulinjaan jotta tämä kuolisi siellä. Tekemällä näin Daavid aiheutti itselleen suuria koettelemuksia. Silmien himo jatkaa meissä olevien syntisten piirteiden stimuloimista jos me emme heitä sitä pois. Jos me esimerkiksi katsomme moraalitonta materiaalia tämä motivoi haureuden mielen syntistä luonnetta. Katsoessamme materiaalia me otamme vastaan silmien himoa ja Saatana ajaa ajatuksiamme epätotuuden suuntaan.

Jumalaan uskovien ei pidä hyväksyä silmien himoa. Sinun ei myöskään pidä nähdä tai kuulla epätotuutta eikä sinun pidä mennä paikkaan missä sinä voit joutua kosketukseen totuudenvastaisten asioiden kanssa. Sinun himosi liha vahvistuu ja motivoituu entisestään siitä huolimatta kuinka paljon sinä rukoilet ja paastoat jos sinä et heitä pois silmien himoa. Tämän johdosta sinä et voi heittää lihaa helposti ja syntiä vastaan kamppailu tuntuu sinusta erittäin vaikealta.

Esimerkiksi sodassa kaupungin muurien sisäpuolella olevat sotilaat saavat voimia jatkaa taistelua kun he saavat kaupungin ulkopuolelta tarvikkeita. Kaupungin muureilta käsin vihollisvoimien tuhoaminen ei olisi helppoa. Kaupungin peittoamiseksi meidän pitää siis ensiksi piiritttää ja katkaista sen huoltolinjat niin että sitä puolustavat joukot eivät saa ruokaa tai aseita. Lopulta me voimme tuhota tämän kaupungin joukot jos me hyökkäämme heitä vastaan samalla kun me pidämme heidät eristyksissä apujoukoista.

Tämän esimerkin mukaisesti kaupungin ulkopuolella olevat apujoukot ovat silmien himoa kun taas kaupungin sisällä olevat vihollisjoukot ovat epätotuutta. Me emme pysty heittämään syntejä pois edes rukousten ja paaston avulla jos me emme heitä pois silmien himoa sillä syntinen luonteemme saa muuten jatkuvasti lisää vahvistusta. Meidän pitääkin siis ensiksi leikata pois silmiemme himo ja sitten rukoilla ja paastota voidaksemme hankkiutua eroon syntisistä piirteistämme. Näin me voimme heittää nämä kaikki pois Jumalan armossa ja voimassa sekä Pyhän Hengen täyteydessä.

Anna minun esittää yksinkertaisempi esimerkki. Me voimme kaataa puhdasta vettä likaista vettä täynnä olevaan astiaan. Jos me jatkamme puhtaan veden kaatamista tämä likainen vesi korvautuu jossakin vaiheessa puhtaalla. Mitä sitten tapahtuu jos me kaadame samanaikaisesti puhdasta ja likaista vettä? Tässä tapauksessa astian vesi ei tule puhdistumaan vaikka me kaataisimme siihen vettä kuinka kauan tahansa. Samalla tavalla meidän ei pidä hyväksyä enää epätotuuksia vaan ainoastaan totuutta voidaksemme heittää itsestämme lihan pois ja jalostaa sydämemme henkeä.

Elämän korskeus

Ihmisillä on taipumus kehuskella. Elämän korskeus on luonteessamme olevaa elämän iloihin liittyvää turhamaisuutta ja kerskausta. Tämänkaltaiset ihmiset haluavat kerskailla perheellään, lapsillaan, vaimollaaan, aviomiehellään, kalliilla vaatteilla, talolla tai koruilla. He haluavat ihmisten tunnustavan heidän ulkonäkönsä tai lahjansa. He jopa kehuskelevat sillä että he ovat ystäviä vaikutusvaltaisten tai kuuluisen ihmisten kanssa. Elämän korskeutta omaava henkilö arvostaa tämän maailman vaurautta, mainetta, tietoutta, lahjoja sekä ulkomuotoa, etsien näitä kaikkia intohimoisesti.

Mitä tämänkaltainen kerskaaminen sitten saavuttaa? Saarnaaja 1:2-3 sanoo että kaikki auringon alla oleva on turhaa. Psalmi 103:15 sanoo: *"Ihmisen elinpäivät ovat niinkuin ruoho, hän kukoistaa niinkuin kukkanen kedolla."* Kerskaaminen ei siis voi antaa meille todellista arvoa tai elämää ja tämän sijaan se on Jumalan vastaista ja saattaa johdattaa meidät kuolemaan. Me vapaudumme kerskaamisesta ja himosta seuraten ainoastan totuutta kunme heitämme pois tarkoituksettoman lihan.

1 Kor. 1:31 kehottaa meitä kerskaamaan ainoastaan Herrassa. Tämä tarkoittaa sitä että meidän ei pidä kerskata meidän itsemme ylentämiseksi vaan ainoastaan Jumalan kunniaksi. Tämä on ristillä kerskaamista ja meidän pelastaneella Herralla kerskaamista sekä Hänen meitä varten valmistamalla taivaallisella

kuningaskunnalla kerskaamista. Meidän tulee myös kerskata kaikella Jumalan meille antamilla armolla, siunauksilla sekä kunnialla. Jumala on mieltynyt meihin kun me kerskaamme Herrassa ja Hän antaa meille hengellisiä ja materiaalisia siunauksia.

Ihmisten velvollisuus on pelätä ja rakastaa Jumalaa, ja jokaisen henkilön arvo määräytyy sen mukaan kuinka täydellisesti hän muuttuu hengen ihmiseksi (Saarnaaja 12:13).

Heitettyämme pois kaiken synnin ja pahuuden, lihan teot ja lihalliset asian mukaanlukien, me voimme löytää Jumalan kadonneen kuvan. Me voimme tällöin saavuttaa tason joka on Aatamin, elävän hengen, tasoa korkeampi. Tämä tarkoittaa että meistä voi tulla hengen ja hengen täyteyden ihmisiä. Näin meidän ei pidä antaa lihalle periksi vaan vaatettaa itsemme ainoastaan Kristuksella.

Luku 4

Elävän hengen tason jälkeen

Tuhottuamme lihalliset ajatukset meidän sielumme
lihaan kuuluvat sielun toiminnot katoavat jättäen jäljelle
ainoastaan henkeen kuuluvat sielun toiminnot.
Sielu on täysin kuuliainen sen isännälle eli hengelle.
Me sanomme että sielu kukoistaa kun isäntä täyttää isännän
velvollisuudet ja palvelija palvelijan velvollisuudet.

Ihmisten rajallinen sydän

Hengen ihmiseksi tuleminen

Elävä henki ja jalostettu henki

Hengellinen usko on aitoa rakkautta

Kohti pyhyyttä

Jopa vastasyntyneet vauvat ovat ihmisiä. Tästä huolimatta vauvat eivät pysty toimimaan niinkuin vanhemmat lapset tai aikuiset sillä ne eivät omaa tarpeeksi tietoutta. Pienet vauvat eivät pysty edes tunnistamaan vanhempiaan eivätkä ne pysty selviytymään omin avuineen. Samalla tavalla eläväksi hengeksi luotu Aatami ei pystynyt täyttämään velvollisuuksiaan alussa. Aatamista tuli kypsä olento vasta sen jälkeen kun hän oli täyttynyt hengen tietoudella. Hän alkoi elämään koko luomakunnan herrana oppiessaan hengen tietoutta Jumalalta asia kerrallaan. Tuohon aikaan Aatamin sydän oli itse henki ja niin sanalle 'sydän' ei ollut mitään tarvetta.

Aatamin tehtyä syntiä hänen sydämensä kuitenkin kuoli. Vähän kerrallaan hänessä oleva hengen tietous alkoi vuotaa hänestä pois ja sen sijaan hän alkoi täyttyä paholaisen ja Saatanan tuottamalla lihan tietoudella. Hänen sydäntään ei voitu kutsua enää 'hengeksi' minkä tähden sanaa 'sydän' alettiin käyttää tuosta hetkestä alkaen.

Alunperin Aatamin sydän luotiin Jumalan kuvaksi joka on itse henki. Aatamin sydän pystyi laajentumaan sitä mukaan kun

165

se täyttyi hengen tietoudella. Hänen henkensä kuoltua hänen henkensä tuli epätotuuden ympäröimäksi ja ihmisen sydämen koko tuli rajoitetuksi. Sielusta tuli ihmisen isäntä ja tämän tähden ihmiset alkoivat säilöä sydämeensä erilaista tietoutta ja alkoivat käyttää tietouttaan eri tavalla. Tämän tapahtuessa myös ihmisten sydämet alkoivat käyttäytyä eri tavalla.

Täten jopa suhteellisen suuren sydämen omaavat henkilöt eivät pysty ravistamaan irti kaikkia heidän omahyväisyytensä, puitteittensa ja omien teorioidensa asettamia esteitä. Me voimme kuitenkin synnyttää meidän henkemme Hengen kautta ja ylittää ihmisten rajat kun me otamme Jeesuksen Kristuksen vastaan ja saamme Pyhän Hengen päällemme. Me voimme lisäksi aistia ja oppia hengellisestä maailmasta sen mukaan mittä enemmän me jalostamme hengen sydäntämme.

Ihmisten rajallinen sydän

Ihmisten kuunnellessa Jumalan Sanaa tämä sanoma menee ensin heidän aivoihinsa missä he he kehittävät siitä ihmisten ajatuksia. Tästä syystä ihmiset eivät voi hyväksyä Hänen Sanaansa sydämillään. Luonnollisesti he eivät voi ymmärtää hengellisiä asioita tai muuttaa itseään totuudella. Heidän yrittävät ymmärtää hengellistä maailma oman rajallisen sydämensä avulla ja siten he syyllistyvät usein tuomitsemiseen ja arvosteluun. He myös kantavat sisällään väärinkäsityksiä jopa Raamatun patriarkkojen suhteen.

Ihmiset sanovat että Jumalan sanan noudattamisen on täytynyt olla Aabrahamille vaikeaa kun Jumala käski häntä uhraamaan tämän ainoan pojan, Iisakin. He sanovat että Jumala salli Aabrahamin matkustaa Moorian vuorelle kolmen päivän ajan koetellakseen hänen uskoaan. Aabrahamin on täytynyt tuntea suurta tuskaa tämän matkan aikana tuskastellessaan noudattaako Jumalan tahtoa vai ei. Lopulta hän kuitenkin valitsi Jumalan sanan seuraamisen.

Mutta ajatteliko Aabraham sitten oikeasti tällä tavalla? Hän lähti aikaisin aamulla puhumatta asiasta vaimonsa Saaran kanssa. Hän luotti täydellisesti Jumalan voimaan ja hyvyyteen jotka kykenivät herättämään kuolleita. Tästä syystä Aabraham saattoi antaa poikansa Iisakin epäröimättä. Jumala näki hänen sydämensä sisimpään ja tunnusti hänen uskonsa ja rakkautensa. Tämän johdsta Aabrahamista tuli uskon isä ja häntä kutsuttiin 'Jumalan ystäväksi.'

On ymmärrettävää että ihminen joka ei ymmärrä Jumalaa miellyttävän uskon ja kuuliaisuuden tasoa ei ymmärtäisi myöskään tämän kaltaisia asioita ajatellessaan niitä rajoittuneen sydämensä ja uskonsa avulla. Me voimme kuitenkin ymmärtää että on olemassa ihmisiä jotka rakastavat Jumalaa äärettömästi ja miellyttävät Jumalaa omien syntiensä poisheittämiseen ja henkensä jalostamiseen saakka.

Hengen ihmiseksi tuleminen

Jumala on henki ja niin Hän haluaa myös Hänen lastensa

tulevan hengiksi. Mitä meidän pitää sitten tehdä tullaksemme hengen ihmisiksi joiden hengestä on tullut heidän kehonsa ja sielunsa isäntä? Ennen kaikkea meidän pitää leikata pois epätotuuden, eli lihalliset, ajatukset, niin että me emme olisi Saatanan hallitsemia. Tämän sijaan meidän pitää kuunnella meidän sydäntämme Totuuden sanan kautta liikuttavaa Pyhää Henkeä. Meidän täytyy sallia meidän sydämemme olla tälle äänelle täysin kuuliainen. Kuunnellessamme Jumalan Sanaa meidän pitää hyväksyä se sanomalla Aamen ja rukoilemalla vilpittömästi kunnes me ymmärrämme Hänen Sanansa merkityksen.

Meidän tehdessämme näin meidän hengestämme tulee meidän isäntämme ja me voimme saavuttaa hengellisen tilan missä me kommunikoimme Jumalan kanssa joka päivä. Tällöin me sanomme että meidän sielumme 'kukoistaa' kun meidän sielumme on sen isännälle, hengelle, kuuliainen ja toimii täysin sen orjana. Me olemme kaikessa menestyksekkäitä ja terveitä kun meidän sielumme kukoistaa.

Me emme tule Saatanan kiusaamaksi jos me ymmärrämme sielun toimintaa täydellisesti ja palautamme sen Jumalan haluamaan tilaan. Näin me voimme saavuttaa Jumalan kadonneen kuvan jonka Aatami langetessaan kadotti. Tällöin hengen, sielun ja kehon välinen järjestys on selvä ja me voimme tulla Jumalan uskollisiksi lapsiksi. Me voimme ylittää Aatamin elävän hengen tason. Me emme saa tällöin ainoastaan valtaa hallita kaikkea maan päällä olevaa vaan me saamme myös nauttia ikuisesta ilosta ja onnesta taivaallisessa kuningaskunnassa. 2.

Kor. 5:17 sanoo: *"Siis, jos joku on Kristuksessa, niin hän on uusi luomus; se, mikä on vanhaa, on kadonnut, katso, uusi on sijaan tullut."* Meistä tulee siis täysin uusia luomuksia Herrassa.

Elävä henki ja jalostettu henki

Me emme tee lihan tekoja vaan pidämme itsemme totuudessa kun me noudatamme Jumalan käskyjä jotka kehottavat meitä tekemään tiettyjä asioita tai kieltävät meitä tekemästä toisia asioita. Mitä kuuliaisempia me olemme sitä suuremmassa määrin me tulemme hengen ihmiseksi. Niin kauan kun me olemme epätotuutta harjoittavia lihan ihmisiä me tulemme kohtaamaan erilaisia vaikeuksia tai sairauksia. Tultuamme kuitenkin hengen ihmiseksi me tulemme kukoistamaan kaikessa mitä me teemme ja olemaan terveitä.

Me tulemme myös omaamaan totuuteen kuuluvan sielun kun me heitämme pois ne asiat jotka Jumala käskee meitä heittämään pois niin että 'lihalliset asiat' ja lihalliset ajatukset poistuvat meistä kokonaan. Kun me ajattelemme ainoastaan totuuden mukaisesti me tulemme kuulemaan Pyhän Hengen äänen paljon kirkkaammin. Jumala tunnustaa meidän olevan hengen ihmisiä sillä meissä ei ole enää lainkaan epätotuutta jos me noudatamme täydellisesti Hänen käskyjään. Meistä voi tulla hengen täyteyden ihmisiä jos me täytämme täydellisesti Hänen käskynsä jotka kehottavat meitä tekemään jotakin.

Näiden hengen ihmisten ja Aatamin, elävän hengen, välinen

ero on sangen suuri. Aatami ei kokenut koskaan mitään lihallista ihmiskunnan jalostuksen kautta, ja niin häntä ei voida pitää täysin hengellisenä olentona. Hän ei koskaan ymmärtänyt mitään lihan aiheuttamaa surua, kipua, kuolemaa tai eroa. Tämä tarkoittaa että hän ei myöskään voinut koskaan todella arvostaa tai olla kiitollinen rakkaudesta. Huolimatta siitä kuinka paljon Jumala Aatamia rakasti hän ei kyennyt arvostamaan kuinka hyvää tämä rakkaus oli. Hän nautti kaikista parhaista asioista mutta hän ei ymmärtänyt kuinka onnellinen hän oli. Hän ei voinut olla Jumalan uskollinen lapsi joka jakaisi sydämensä Hänen kanssaan. Ihmisestä voi tulla todellinen hengellinen olento vasta sitten kun hän on kokenut lihallisia asioita.

Aatami ei siis ollut koskaan kokenut mitään lihallista ollessaan elävä henki. Täten oli aina mahdollista että hän hyväksyisi lihallisen elämän ja korruptoituisi. Aatamin henki ei ollut täysinäinen tai täydellinen vaan kuolevainen. Tämän tähden häntä kutsuttiin eläväksi olennoksi, mikä tarkoittaa elävää henkeä. Joku saattaa kysyä kuinka on mahdollista että elävä henki olisi vastaanottavainen Saatanan kiusaukselle. Anna minun esittää tästä sinulle vertauskuva.

Kuvittele että perheessä on kaksi erittäin kuuliaista lasta. Toinen heistä on elämänsä aikana tullut kuuman veden polttamaksi kun taas toinen heistä ei ole koskaan kokenut mitään tämän kaltaista. Eräänä päivänä perheen äiti osoittaa kiehuvaa kattilaa ja käskee lapsia olemaan koskematta siihen. Lapset ovat yleensä kuuliaisa äidilleen ja niin kumpikaan heistä ei koske siihen. Itsensä jo kerran polttanut lapsi tottelee äitiään mielellään.

Hän myös ymmärtää että heidän äitinsä rakastaa lapsiaan ja yrittää suojella heitä varoittamalla. Lapsi joka ei ole koskaan polttanut itseään kokee puolestaan kuinka hänen uteliaisuutensa herää kun hän näkee höyryävän kattilan. Hän ei pysty ymmärtämään äitinsä aikeita ja on mahdollista että hän yrittää koskettaa kuumaa kattilaa uteliaisuutensa tähden.

Sama koski Aatamia, elävää henkeä. Hän oli kuullut että synnit ja pahuus ovat pelottavia asioita mutta hän ei ollut koskaan kokenut niitä. Hän ei kyennyt ymmärtämään mitä synti ja pahuus oikeasti olivat. Lopulta Aatami antoi periksi Saatanan houkutuksille omasta vapaasta tahdostaan ja söi kiellettyä hedelmää. Tämä kaikki johtui siitä että Aatami ei ollut koskaan kokenut mitä suhteellisuus tarkoitti.

Jumala halusi uskollisia lapsia jotka omaavat hengen sydämen ja jotka eivät muuta mieltään missään olosuhteissa koettuaan lihallisia asioita. Aatami ei ollut elävänä henkenä koskaan kokenut suhteellisuutta. Jumalan haluamat lapset ymmärtäisivät kuitenkin lihan ja hengen väliset erot selvästi. He olisivat kokeneet syntiä ja pahuutta sekä surua tämän maailman päällä ollessaan ja niin he tietävät kuinka kivuliasta, saastaista ja merkityksetöntä elämä on. He myös tuntisivat lihan vastakohtaisen hengen erittäin hyvin. He tietävät kuinka kaunis ja hyvä tämä henki on. He siis ottavat hengen vastaan omasta vapaasta tahdostaan eivätkä he koskaan ota lihaa ja sen tekoja vastaan. Tämä on elävän hengen ja jalostetun hengen välinen ero.

Elävä henki tottelee ehdottomasti kun taas jalostettu henki tottelee sydämensä halusta koettuaan niin hyvää kuin pahaakin. Tämän lisäksi kaikki synnit ja pahuudet poisheittäneet hengen ihmiset tulevat siunatuiksi saamalla astua taivaan kolmanteen kuningaskuntaan hengen täyteyden ihmisten kanssa ja asua Uudessa Jerusalemissa.

Hengellinen usko on aitoa rakkautta

Me saavutamme täysin erilaisia onnellisuuden ja ilon tasoja kun me saavutamme uskon marssimme aikana hengen ihmisen tason. Meidän sydämemme on täysin rauhassa. Me olemme aina riemullisia, rukoilemme taukoamatta ja annamme kaikessa kiitosta 1. Tes. 5:16-18 mukaisesti. Me ymmärrämme Jumalan sydämen ja tahdon jonka mukaan Hän antaa meille aitoa onnea ja niin me voimme rakastaa Häntä uskollisin sydämin ja antaa Hänelle kiitosta.

Me olemme kuulleet että Jumala on rakkaus mutta me emme pysty tuntemaan tätä rakkautta kunnolla ennenkuin me tulemme hengen ihmiseksi. Me kykenemme ymmärtämään kuinka Jumala on itse rakkaus ja kuinka meidän pitää rakastaa Häntä enemmän kuin mitään muuta vasta sitten kun me ymmärrämme Hänen suunnitelmansa ihmiskunnan jalostuksesta.

Meidän rakkautemme ja kiitollisututemme eivät ole totuudenmukaisia jos me emme ole heittäneet pahuutta pois sydämestämme. Me voimme sanoa rakastavamme Jumalaa ja olevamme Hänelle kiitollisia muttta me kuitenkin muutamme elämämme suuntaa heti kun tämä ei hyödytä meitä. Asioiden ollessa hyvin me sanomme olevamme kiitollisia mutta me kuitenkin unohdamme tämän armon nopeasti. Kohdatessamme vaikeita tilanteita me turhaudumme tai jopa suutumme sen sijaan että me muistaisimme saamaamme armoa. Me unohdamme kiitollisuutemme ja saamamme armon.

Hengen ihmisen kiitollisuus kumpuaa kuitenkin hänen sydämestään, ja niin se ei koskaan muutu edes aikojen kuluessa. Hengen ihminen ymmärtää kuinka Jumala johdattaa ihmisiä ja tämän aiheuttamasta tuskasta huolimatta hän kiittää Jumalaa kaikessa sydämensä pohjasta. Hän myös rakastaa ristille meidän puolestamme noussutta Herra Jeesusta häntä kiittäen sekä meitä totuuteen johtavaa Pyhää Henkeä. Hengen ihmisen rakkaus ei muutu koskaan.

Kohti pyhyyttä

Ihmiset ovat synnin saastuttamia. Otettuaan Jeesuksen Kristuksen vastaan he saavat kuitenkin pelastuksen armon ja he voivat muuttua uskon ja Pyhän Hengen voimasta. He eivät kuitenkaan voi saavuttaa elävän hengen tasoa korkeampaa tasoa. Mitä enemmän epätotuutta heistä poistuu ja mitä enemmän tämä epätotuus korvautuu totuudella, sitä suuremmassa määrin he muuttuvat hengen ihmisiksi saavuttamansa pyhyyden tähden.

Useimmiten pahoja asioita näkevät ihmiset yhdistävät

näkemänsä itsessään olevan epätotuuden kanssa alkaen siten ajatella ja tuntea pahuuden mukaisesti. Tällä tavalla he tulevat luultavasti tekemään pahoja tekoja. Pyhittyneet ihmiset eivät kanna sisällään epättuutta ja niin heistä ei kumpua pahoja ajatuksia tai tekoja. He eivät yleensä näe pahoja asioita ja vaikka näin tapahtuisikin nämä asiat eivät johda pahoihin ajatuksiin tai tekoihin.

Meitä voidaan pitää pyhittyneenä jos me olemme jalostaneet puhtaan sydämen jossa ei ole lainkaan tahroja tai likaa repimällä irti kaiken sydämemme sisältä löytyneen pahuuden. Pelkästään hengellisiä ajatuksia omaavat ihmiset jotka näkevät, kuulevat, puhuvat ja toimivat ainoastaan totuudessa ovat Jumalan aitoja lapsia jotka ovat ylittäneet hengen tason.

1. Joh. 5:18 sanoo: *"Me tiedämme, ettei yksikään Jumalasta syntynyt tee syntiä; vaan Jumalasta syntynyt pitää itsestänsä vaarin, eikä häneen ryhdy se paha."* Hengellisessä maailmassa synnittömyys on valtaa. On pyhyyttä olla synnitön. Tästä syystä me voimme löytää uudelleen Aatamille annetun vallan sekä voittaa ja alistaa paholais-vihollisen ja Saatanan sen mukaan kuinka me heitämme syntejämme pois.

Paholainen ei voi enää koskea meihin kun meistä on tullut hengen ihmisiä. Me voimme tehdä voimallisia Pyhän Hengen tekoja sekä suuria ja mahtavia asioita kun meistä on tullut hengen ihmisiä ja me olemme keränneet sydämeemme hyvyyttä ja rakkautta.

Me voimme tulla hengen ihmisiksi ja täyttyä hengellä tulemalla pyhittyneeksi (1. Tess. 5:12). Me voimme ymmärtää että kaikista merkityksellisin asia elämässä on hengellä täyttyminen ja hengen ihmiseksi tuleminen kun me ajattelemme Jumalaa joka jalostaa ihmiskuntaa ja on ollut heidän kanssaan kärsivällinen alusta saakka saadakseen itselleen uskollisia lapsia.

Osa 3

Hengen löytäminen

Olenko minä hengen vai lihan ihminen?

Mitä eroa on hengellä ja hengen täyteydellä?

"Totisesti, totisesti minä sanon sinulle:
jos joku ei synny vedestä ja Hengestä,
ei hän voi päästä sisälle Jumalan valtakuntaan
Mikä lihasta on syntynyt, on liha;
ja mikä Hengestä on syntynyt, on henki."
- Joh. 3:5-6

Luku 1

Henki ja hengen täyteys

Ihmiskunta tarvitsee pelastusta sillä ihmisten henget ovat kuolleta.
Meidän kristillinen elämämme on hengen
virvoituksen jälkeisen kasvun prosessi.

Mitä henki on?

Hengen löytäminen

Hengen kasvun prosessi

Hyvän maaperän jalostus

Lihan jäänteet

Hengen täyteyden todisteita

Hengen ja hengen täyteyden ihmisille annettavat siunaukset

Ihmisen henki kuoli Aatamin synnin tähden. Tuosta hetkestä lähtien ihmisten sielusta tuli heidän isäntänsä. He jatkuvasti hyväksyvät epätotuuksia ja seuraavat himojaan. Lopulta he saavuttavat pisteen jossa he eivät voi pelastua. He ovat Saatanan vaikutusvallan alla olevan sielun hallitsemia ja niin he tekevät syntejä ja joutuvat helvettiin. Tämän tähden kaikki ihmiset tarvitsevat pelastusta. Jumala etsii uskollisia lapsia jotka pelastuvat ihmiskunnan jalostuksen kautta. Tämä tarkoittaa että Hän etsii hengen ja hengen täyteyden ihmisiä.

1. Kor. 6:17 sanoo: *"Mutta joka yhtyy Herraan, on yksi henki hänen kanssaan."* Jumalan uskolliset lapset ovat niitä jotka ovat yhtyneet Hengessä Jeesukseen Kristukseen.

Me tulemme elämään totuudessa Pyhän Hengen avulla jos me otamme Jeesuksen Kristuksen vastaan. Meistä on tullut Herran sydämen omaavia hengen ihmisiä jos me elämme täysin totuuden mukaisesti. Tämä tarkoittaa sitä me olemme yhtä Herran kanssa Hengessä. Jumalan henki on kuitenkin täysin erilainen ihmisten hengestä vaikka me olisimmekin yhtä Herran kanssa hengessä. Jumala on hengen muodossa ilman fyysistä kehoa kun taas ihmisten henki on kehon sisällä. Jumalalla on henki joka kuuluu taivaaseen kun taas ihmisten henki on maan tomusta muodostunut fyysisessä muodossa oleva henki. Jumalan, Luojan, sekä luotujen olentojen välillä on suuri ero.

Mitä henki on?

Monet luulevat että sana 'henki' tarkoittaa samaa kuin sana 'sielu.' *The Merriam-Webster's Dictionary* sanoo että henki on "fyysisiä organismeja elävöittävä tai liikuttava periaate, tai yliluonnollinen olento tai sisin." Jumalan silmissä henki on kuitenkin jotain katoamatonta ja kuolematonta joka ei koskaan muutu vaan on aina ikuinen. Tämä on itse elämä ja totuus.

Jos tämän maan päältä löydettäisiin jotakin hengen piirteiden omaavaa ainetta olisi tämä aine kullan kaltaista. Kullan kiilto ei koskaan himmene edes aikojen kuluessa eikä se koskaan katoa tai muutu. Tästä syystä Jumala vertaa meidän uskoamma puhtaaseen kultaan ja rakentaa meille Taivaaseen taloja kullasta ja jalokivistä.

Ensimmäinen ihminen, Aatami, sai osan Jumalan luonnosta kun Hän puhalsi tämän sieraimiin elämän henkäyksen. Aatam luotiin epätäydelliseksi hengeksi. Tämä johtuu siitä että oli vielä mahdollista Aatami palaisi takaisin lihalliseksi olennoksi maan tomun piirteineen. Aatami ei ollut pelkästään "henki." Hän oli 'elävä henki' mikä tarkoittaa 'elävää olentoa.'

Mistä syystä Jumala loi Aatamin eläväksi hengeksi?

Tämä johtuu siitä että Hän halusi Aatamin kohoavan elävän hengen ulottuvuutta korkammalle kokemalla lihallisia asioita ihmiskunnan jalostuksen kautta. Tämä ei päde ainoastaan Aatamiin vaan myös kaikkiin hänen jälkeläisiinsä. Tästä syystä Jumala valmisti Jeesuksen Pelastajan sekä Pyhän Hengen auttamaan ihmisiä jo ennen aikojen alkua.

Hengen löytäminen

Aatami eli Eedenin puutarhassa elävänä henkenä mittaamattoman ajan. Lopulta hänen kommunikaatiolinkkinsä Jumalaan kuitenkin katkesi hänen syntinsä tähden. Tuolloin Saatana alkoi istuttaa Aatamiin epätotuuden tietoutta hänen sielunsa kautta. Tämän prosessin kautta Jumalan Aatamille antama hengen tietous alkoi kadota ja tulla lihan tietouden korvaamaksi. Tämä tietous oli Saatanan antamaa epätotuuden tietoutta.

Aikojen kuluessa lihan sisältö alkoi täyttää ihmistä yhä suuremmassa määrin. Epätotuus ympäröi ja tukahdutti ihmisessä olevan elämän siemenen. Oli kuin epätotuus olisi eristänyt ja vanginnut elämän siemenen niin että siitä tuli täysin passiivinen. Me sanomme että henki on kuollut kun elämän siemen saavuttaa tason missä se on täysin passiivinen. Tämä tarkoittaa että elämän siemenen herättämiseen kykenevä Jumalan Kirkkaus on kadonnut. Mitä meidän pitää sitten tehdä herättääksemme tämän kuolleen hengen?

Ensinnäkin, meidän pitää syntyä vedestä ja Hengestä

Jumala antaa meille Pyhän Hengen lahjan sydämeemme kun me kuuntelemme Jumalan Sanaa sekä otamme Jeesuksen Kristuksen vastaan pelastajaksemme. Jeesus sanoi jakeessa Joh. 3:5 näin: *"Jeesus vastasi: 'Totisesti, totisesti minä sanon sinulle: jos joku ei synny vedestä ja Hengestä, ei hän voi päästä sisälle Jumalan valtakuntaan.'"* Tästä me näemme että me voimme pelastua vasta sitten kun me olemme syntyneet vedestä, eli Jumalan Sanasta, sekä Pyhästä Hengestä.

Pyhä Henki tulee meidän sydämiimme ja herättää uudelleen meidän elämän siemenemme. Tätä tarkoittaa kuolleen hengen virvoittaminen. Henki auttaa meitä heittämään pois lihallisia epätotuuksia ja tuhoamaan sielun epätotuuden työt. Tämän lisäksi se myös antaa meille totuuden tietoutta. Meidän kuolleet henkemme eivät voi virvota emmekä me voi ymmärtää Jumalan Sanan merkitystä jos me emme ota Pyhää Henkeä vastaan. Me emme voi kasvaa hengellisesti eikä meidän sydämeemme voida istuttaa sanaa jota me emme ymmärrä. Me voimme omata hengellistä ymmärrystä ja uskoa sydämemme pohjasta ainoastaan Pyhän Hengen avulla. Yhdessä Hengen kanssa me voimme saada voimaa elää Jumalan Sanan mukaisesti kun me rukoilemme. Ilman Hänen rukouksen kautta saamaamme apua me emme voi omata voimaa Sanan harjoittamiseen.

182

Toisekseen, meidän pitää jatkuvasti syntyä uudelleen Hengessä

Meidän täytyy jatkaa henkemme täyttämistä totuuden tietoudella sen jälkeen kun meidän henkemme on virvonnut takaisin henkiin Pyhän Hengen avulla. Tämä on hengessä syntymistä Pyhän Hengen avulla. Meidän sydämessämme oleva pahuus ja epätotuus katoavat kun me rukoilemme Pyhän Hengen avulla voidaksemme kamppailla syntiä vastaan aina verenvuodatukseen saakka. Tämän lisäksi me saamme sydämeemme yhä enemmän totuutta ja hyvyyttä sen mukaan kuinka me otamme vastaan sellaista Pyhän Hengen antamaa totuuden tietoutta kuin rakkautta, hyvyyttä, totuudenmukaisuutta sekä nöyryyttä. Toisin sanoen totuuden hyväksyminen Pyhän Hengen kautta tarkoittaa sitä että me perumme ne askeleet joita ihmiskunta on ottanut Aatamin lankeamuksen jälkeen.

On kuitenkin ihmisiä jotka ovat saaneet Pyhän Hengen mutta jotka eivät ole tästä huolimatta muuttaneet sydämiään. He eivät seuraa Pyhän Hengen tahtoa vaan sen sijaan jatkavat synnissä elämistä lihan himoja seuraten. Aluksi he kyllä yrittävät heittää syntejään pois mutta tietyn ajan kuluessa heidän uskonsa haalenee ja he lakkaavat taistelemasta syntejä vastaan. Sillä samalla hetkellä kun he lakkaavat kamppailemasta syntiä vastaan he ystävystyvät maailman kanssa tai alkavat tehdä syntiä. Heidän puhdistautumassa ja kirkastumassa olevat sydämet tahriintuvat taas synnistä. Meissä oleva elämän sydän ei voi vahvistua siitä huolimatta että me olemme saaneet Pyhän Hengen jos meidän sydämemme on jatkuvasti epätotuuksien peitossa.

1. Tess. 5:19 varoittaa meitä, sanoen: *"Henkeä älkää sammuttako."* Me saatamme saavuttaa pisteen missä me olemme nimellisesti elossa mutta niin kauan kun me emme muuta itseämme Pyhän Hengen avulla me olemme kuolleita (Ilmestyskirja 3:1). Joten vaikka me olemmekin saaneet Pyhän Hengen se tulee hiljalleen tukahdetuksi jos me jatkamme synnissä ja pahuudessa elämistä.

Tämän tähden meidän pitää yrittää jatkuvasti muuttaa sydäntämme kunnes se lopulta muuttuu kokonaan totuuden sydämeksi. 1. Joh. 2:25 sanoo: *"Ja tämä on se lupaus, minkä hän on meille luvannut: iankaikkinen elämä."* Jumala on tehnyt meille lupauksen mutta tähän lupaukseen liittyy myös ehto.

Tämä ehto on se että meidän pitää olla yhdessä Herran ja Jumalan kanssa olemalla kuuliainen kuulemallemme Jumalan Sanalle jotta Jumala antaisi meille ikuisen elämän. Me emme voi pelastua sanomalla että me uskomme Herraan jos me emme elä Herrassa ja Jumalassa.

Hengen kasvun prosessi

Joh. 3:6 sanoo: *"Mikä lihasta on syntynyt, on liha; ja mikä Hengestä on syntynyt, on henki."* Kuten kirjoitettu, me emme voi syntyä hengestä jos me pysyttelemme lihassa.

Täten meidän henkemme täytyy jatkaa kasvuaan senkin

jälkeen kun me olemme saaneet Pyhän Hengen ja meidän kuollut henkemme on virvonnut. Mitä jos nuori vauva lopettaisi kasvamisen tai kasvaisi vain erittäin hitaasti? Tämänkaltainen lapsi ei voisi elää normaalia elämää. Sama koskee hengellistä elämää. Uuden elämän saaneiden Jumalan lasten pitää jatkaa uskonsa kasvattamista ja vahvistaa henkeään. Raamattu sanoo meille että meidän jokaisen uskon mittamme on erilainen (Room. 12:3). 1. Joh. 1:12-14 kertoo meille uskon eri tasoista, jakaen ne pienten vauvojen, lasten, nuorukaisten ja isien uskoon:

Minä kirjoitan teille, lapsukaiset, sillä synnit ovat teille anteeksi annetut hänen nimensä tähden. Minä kirjoitan teille, isät, sillä te olette oppineet tuntemaan hänet, joka alusta on ollut. Minä kirjoitan teille, nuorukaiset, sillä te olette voittaneet sen, joka on paha. Minä olen kirjoittanut teille, lapsukaiset, sillä te olette oppineet tuntemaan Isän. Minä olen kirjoittanut teille, isät, sillä te olette oppineet tuntemaan hänet, joka alusta on ollut. Minä olen kirjoittanut teille, nuorukaiset, sillä te olette väkevät, ja Jumalan sana pysyy teissä, ja te olette voittaneet sen, joka on paha.

Jumala antaa meille uskoa sen mukaan kuinka me muutamme itseämme ja kuinka uskollisen sydämen me omaamme. Tämä on uskoa jonka avulla me voimme uskoa sydämemme pohjasta ja mikä on 'hengessä syntymistä Hengen kautta.' Pyhä Henki antaa meidän syntyä hengessä ja auttaa meitä kasvamaan uskossamme. Pyhä Henki tulee meidän sydämeemme ja opettaa meille synnistä, vanhurskaudesta sekä tuomiosta (Joh. 16:7-8). Henki auttaa meitä uskomaan Jeesukseen Kristukseen.

Pyhä Henki auttaa meitä myös ymmärtämään Jumalan Sanaan kätkeytyvän hengellisen merkityksen ja ottamaan sen vastaan sydämeemme. Tämän prosessin kautta me voimme löytää Jumalan kadonneen kuvan ja tulla Jumalan uskolliseksi lapseksi, hengen ja hengen täyteyden ihmiseksi.

Jotta meidän henkemme voisi kasvaa meidän pitää ensin tuhota meidän lihalliset ajatuksemme. Lihalliset ajatukset muodostuvat kun meidän sydämessämme olevat epätotuudet tulevat esiin sielun epätotuuden mukaisten operaatioiden kautta. Kuvittele, esimerkiksi että sinä kuulet että joku on levittänyt sinusta huhuja. Jos sinä kannat sydämessäsi pahuutta sinä alat tällöin ajatella lihallisia ajatuksia tästä henkilöstä ja sinä loukkaanut ja alat tuntea negatiivisia ajatuksia tätä henkilöä kohtaan.

Tuolla hetkellä Saatana hallitsee sinun sieluasi. Saatana saa sinut ajattelemaan pahoja ajatuksia. Näiden sielun operaatioiden kautta sydämessä olevat kiivauden, viha, kaunan ja ylpeyden kaltaiset lihalliset tunteet nostavat päätään. Tällöin sinä haluat kohdata tämän henkilön silmästä silmään saman tien sen sijaan että sinä yrittäisit ymmärtää häntä ja hänen tekojaan.

Nämä aikaisemmin mainitut lihalliset asiat kuuluvat myös lihallisiin ajatuksiin. Myös omahyväisyys sekä omat teoriat ovat lihallisia asioita jos ne tulevat esiin henkilön sielun operaatioiden kautta. Kuvittele, että henkilön ajatusmaailman mukaan on oikein olla tekemättä kompromissia uskon asioissa. Tällöin hän luulee aina olevansa oikeassa ja jopa rikkoo rauhan sellaisissa tilanteissa missä hänen pitäisi ottaa huomioon muiden olosuhteet ja heidän uskonsa taso. Kuvittele myös että tällä henkilöllä on tietty suhtautuminen johonkin asiaa ja hän uskoo että jonkin saavuttaminen olisi erittäin vaikeaa käytännöllisissä olosuhteissa. Myös tämänkaltainen suhtautuminen on lihallista ajattelua.

Meissä on lihallisia ajatuksia vielä senkin jälkeen kun me olemme saaneet Pyhän Hengen Herra Jeesuksen vastaanottamisen kautta sen mukaan kuinka paljon lihallisuutta meissä on vielä jäljellä. Me omaamme hengellisiä ajatuksia kun me noudamme tietoutta mikä perustuu Jumalan Sanaan. Meidän ajatuksemme ovat taas lihallisia kun me noudamme epätotuuden tietoutta. Pyhän Hengen mahdollisuus vapauttaa totuuden tietoutta on rajoittunut sen mukaan kuinka paljon lihallisia ajatuksia meissä on.

Tämän tähden Room. 8:5-8 sanoo: *"Sillä niillä, jotka elävät lihan mukaan, on lihan mieli, mutta niillä, jotka elävät Hengen mukaan, on Hengen mieli. Sillä lihan mieli on kuolema, mutta hengen mieli on elämä ja rauha; sentähden että lihan mieli on vihollisuus Jumalaa vastaan, sillä se ei alistu Jumalan lain alle, eikä se voikaan. Jotka lihan vallassa ovat, ne eivät voi olla Jumalalle otolliset."*

Tämä kohta vihjaa että me voimme saavuttaa hengen tason

187

vasta sitten kun me rikomme meidän lihalliset ajatuksemme. Lihassa pysyttelevät eivät voi auttaa lihallisten ajatusten ajattelemista ja tämän johdosta heidän ajatuksensa, sanansa ja käytöksensä ovat Jumalan vastaisia.

Kuningas Saul on yksi selvimmistä Jumalan vastustamisen esimerkeistä. 1. Samuelin 15. luku kertoo kuinka Jumala käski Saulia hyökkäämään amalekialaisten kimppuun ja tuhomaan koko heidän omaisuutensa. Tämä oli osa rangaistusta jota heidän oli kärsittävä sen tähden että he olivat vastustaneet Jumalaa aikaisemmin.

Samuel voitti taistelun amalekialaisia vastaan mutta sen sijaan että hän olisi tuhonnut heidän karjansa hän halusi antaa sen Jumalalle. Saul myös otti amalekialaisten kuninkaan vangiksi tappamisen sijaan. Saul halusi kerskata työllään. Hän niskoitteli Jumalaa vastaan sillä hänessä oli hänen ahneudestaan ja kopeudestaan nousevia lihallisia ajatuksia. Hänen silmänsä olivat ylpeyden ja kopeuden sokaisemia ja niin hän jatkoi lihallisten ajatusten käyttämistä kunnes hän lopulta kohtasi surkean kuoleman.

Lihallisten ajatusten perimmäinen lähde on epätotuuksien kantaminen sydämessämmme. Me emme koskaan omaisi lihallisia ajatuksia jos me omaisimme ainoastaan totuuden tietoutta sydämessämme. Luonnollisesti ainoastaan hengellisiä ajatuksia omaavat ihmiset ajattelevat ainoastaan hengellisiä ajatuksia. He kuuntelevat Pyhän Hengen ääntä ja ohjausta ja niin he ovat Jumalan rakastamia ja he kokevat Hänen töitään.

Tämän mukaan meidän pitää siis heittää tunnollisesti pois kaikki epätotuudet ja täyttää itsemme totuuden tietoudella, mikä on Jumalan Sana. Itsemme täyttäminen totuuden tietoudella ei tarkoita että me täytämme ainoastaan päämme tietoudella vaan meidän pitää täyttää ja jalostaa myös meidän sydämemme Jumalan Sanalla. Samanaikaisesti meidän pitää korvata omat ajatukseme hengellisillä ajatuksilla. Ollessamme muiden kanssa kanssakäymisissä tai näkiessämme tiettyjä asioita meidän pitää pidättäytyä arvostelemisesta ja tuomitsemisesta ja yrittää nähdä maailma totuuden valossa. Meidän pitää jatkuvasti tarkistaa kohtelemmeko me muita hyvyydellä, rakkaudella ja totuudessa niin että me voimme muuttaa itsemme. Tällä tavalla me voimme kasvaa hengellisesti.

Hyvän maaperän jalostus

Sananlaskut 4:23 says, *"Yli kaiken varottavan varjele sydämesi, sillä sieltä elämä lähtee."* Jae sanoo että meille ikuisen elämän antava lähde löytyy meidän sydämestämme. Me voimme korjata hedelmiä ainoastaan sen jälkeen kun me olemme kylväneet pellolle siemeniä jotka voivat itää, kukkia ja kantaa hedelmiä. Samalla tavalla me voimme kantaa hengellistä hedelmää vasta sen jälkeen kun me olemme kylväneet Jumalan Sanan siemenen sydämemme peltoon.

Jumalan Sana on elämän lähde jolla on kaksi toimintoa kun

se on istutettu sydämen peltoon. Se auraa ulos sydämen synnit ja epätotuudet ja auttaa meitä kantamaan hedelmää. Raamattu pitää sisällään useita käskyjä mutta ne kaikki lankeavat neljään eri kategoriaan: Tee, älä tee, pidä, tai heitä pois. Raamattu esimerkiksi kehottaa meitä heittämään pois ahneuden ja kaikenlaisen pahan. Esimerkkejä käskyistä jotka sanovat 'älä tee' on esimerkiksi 'älä vihaa' tai 'älä tuomitse'. Noudattaessamme näitä käskyjä meidän syntimme revitään pois meidän sydämestämme. Tämä tarkoittaa stiä että Jumalan Sana tulee meidän sydämeemme ja jalostaa meidän sydämemme hyväksi maaperäksi.

Olisi kuitenkin hyödytöntä jos me pysähtyisimme maan auraamisen jälkeen. Meidän pitää kylvää totuuden ja hyvyyden siemeniä arattuun peltoon niin että me voimme kantaa yhdeksää Pyhän Hengen hedelmää, hyveiden siunauksia ja hengellistä rakkautta. Hedelmän kantaminen tarkoittaa niiden käskyjen pitämistä jotka kehottavat meitä pitämään tai tekemään tiettyjä asioita. Me voimme lopulta kantaa hedelmää kun me pidämme ja noudatamme Jumalan käskyjä.

Hengen ihmiseksi tulemisen prosessi on sama kuin meidän sydämemme pellon jalostaminen. Me muutamme jalostamattoman maaperän hyväksi maaksi kyntämällä, tyhjentämällä pellon kivistä ja kitkemällä sen rikkaruohot. Samalla tavalla meidän pitää heittää pois kaikki lihan teot ja lihan asiat Jumalan Sanan mukaisesti joka käskee meitä pidättäytymään tietyistä asioista ja heittämään tietyt asiat pois. Jokaisessa henkilössä en erilaista pahuutta. Jos me heitämme pois sen pahuuden jonka irti repiminen on kaikista vaikeinta niin kaikki muut pahuuden muodot irtoavat myös sen kanssa. Esimerkiksi jos kateellinen henkilö repii itsestään kateuden niin tällöin muut siihen liityneet vihan, juoruilun ja vääryyden kaltaiset pahuudet irtoavat sen kanssa.

Ärtyvyyden ja turhautuneisuuden kaltaiset synnit katoavat samanaikaisesti kun me revimme irti vihan juuren. Jumala antaa meille armon ja voimaa ja Pyhä Henki auttaa meitä heittämään vihan pois kun me rukoilemme ja yritämme heittää sitä pois. Me täytymme Pyhällä Hengellä kun me elämme totuuden Sanan mukaan jokapäiväisessä elämässämme ja niin lihan voima heikkenee. Kuvittele, että henkilö vihastuu kymmenen kerta päivässä mutta sitten näiden päivittäisten vihastumisten määrä laskee ensin yhdeksään ja sitten seitsemään ja viiteen kertaan kunnes ne lopulta katoavat kokonaan. Meidän sydämemme muuttuu 'hengen' sydämeksi kun me muutamme sen maaperän hyväksi maaperäksi heittämällä pois kaikki syntiset piirteet.

Tämän lisäksi meidän pitää istuttaa totuuden Sanaa joka kertoo meille mitä meidän pitää tehdä ja pitää. Tämä sana käskee meitä esimerkiksi rakastamaan, antamaan anteeksi, palvelemaan muita sekä pyhittämään lepopäivän. Tässä me emme ala täyttää itseämme totuudella ennen kuin me olemme heittäneet pois kaikki epätotuudet. Epätotuuksien poisheittämisen ja niiden totuudella korvaamisen täytyy tapahtua samanaikaisesti. Meitä voidaan pitää hengen ihmisenä vasta sitten kun me kannamme tämän prosessin kautta sydämessämme pelkkää totuutta.

Yksi niistä asiosta jotka meidän pitää heittää pois

tullaksemme hengen ihmiseksi on meidän luoteessamme oleva pahuus. Maaperään verrattuna nämä meidän luonteessamme olevat pahuudet ovat kuin maaperän ominaisuuksia. Nämä pahuudet periytyvät vanhemmilta lapsille chiksi kutsutun elämänenergian kautta. Tämän lisäksi meidän luonteemme muuttuu yhä pahemmaksi jos me olemme tekemisissä ja hyväksymme pahuuden kasvumme aikana. Tämä meidän luonteessamme oleva pahuus ei paljastu tavallisissa olosuhteissa ja niin sen ymmärtäminen on vaikeaa.

Tämänkaltaisen syvällä luonteessamme olevan pahuuden heittäminen pois ei ole helppoa siitä huolimatta että me ehkä pystyisimmekin heittämään pois kaikki selvästi näkyvät synnit ja pahuudet. Voidaksemme tehdä sen meidän pitää rukoilla uutterasti ja nähdä vaivaa tämän synnin löytämiseksi ja poisheittämiseksi.

Joissakin tapauksissa meidän hengellinen kasvumme pysähtyy kun me olemme saavuttaneet tietyn pisteen. Tämä johtuu meidän luonteessamme olevasta pahuudesta. Voidaksemme poistaa rikkaruohot meidän pitää repiä ne irti juurineen päivineen jättämärrä varsia tai lehtiä taakse. Samalla tavalla me voimme omata hengen sydämen vasta sen jälkeen kun me olemme löytäneet meidän luonteessamme olevan pahuuden ja heittäneet myös senkin pois. Meidän omatuntomme on itse totuus kun me olemme tällä tavalla tulleet hengen ihmiseksi ja niin meidä sydämemmekin täyttyy pelkällä totuudella. Tämä tarkoittaa että meidän sydämemme muuttuu itsekin hengeksi.

Lihan jäänteet

Hengen ihmisten sydämessä ei ole pahuutta ja he ovat aina onnellisia koska he ovat täynnä Henkeä. Tämä ei kuitenkaan tarkoita että he olisivat päättäneet matkansa, sillä heissä on yhä 'lihan jäänteitä.' Lihan jäänteet liittyvät jokaisen henkilön luonteenpiirteisiin. On esimerkiksi ihmisiä jotka ovat totuudenmukaisia, suoria ja vanhurskaita mutta joissa ei ole anteliaisuutta tai myötätuntoa. Toiset taas voivat olla täynnä rakkautta ja nauttia muille antamisesta mutta he saattavat olla liian tunteellisia ja heidän käyttäytymisensä saattaa olla liian tylyä.

Nämä piirteet säilyvät jäänteinä ihmisen persoonallisuudessa ja tämän tähden niiden vaikutus tuntuu yhä senkin jälkeen kun tämä henkilö on täyttynyt hengellä. Tämä on kuin vanhoja tahroja kantavat vaatteet. Kankaan alkuperäinen väri ei palaa ennalleen huolimatta siitä kuinka tunnollisesti me sitä pesemme. Näitä lihan jäänteitä ei voida pitää pahuutena mutta meidän pitää kuitenkin heittää ne pois ja tulla täytetyksi Hengen yhdeksällä hedelmällä mikä antaa meidän saavuttaa hengen täyteys. Me voimme sanoa että sydän missä ei ole lainkaa epätotuutta hyvin auratun pellon tavoin on 'henki.' Me voimme pitää sydäntä 'hengen täyteyden sydämenä' kun se tuottaa kauniita hengen hedelmiä sen jälkeen kun siihen on hyvin jalostettuna peltomaana istuttetu siemen.

Jumala salli kuningas Daavidin kokea koettelemuksia kun Daavid täyttyi hengellä. Eräänä päivänä Daavid määräsi Jooabin suorittaa väenlaskun. Tämä tarkoittaa sitä että he laskivat sotakuntoisten kansalaisten määrän. Jooab tiesi että tämä ei ollut Jumalan silmissä oikein ja niin hän yritti saada Daavidin muuttamaan mielensä. Daavid ei kuitenkaan kuunnellut Jooabia ja niin hän veti Jumalan vihan päälleen ja useat ihmiset kuolivat kulkutauteihin.

Daavid tunsi Jumalan tahdon erittäin hyvin. Miten hän sitten saattoi aiheuttaa jotakin tämän kaltaista? Kuningas Saul oli ajanut Daavidia takaa kauan aikaa ja Daavid oli taistellut useita taisteluita pakanoita vastaan. Kerran hänen oma poikansa ajoi häntä takaa ja uhkasi hänen henkeään. Aikojen kuluessa hänen poliittinen voimansa kuitenkin vankistui ja hänen maansa vaikutusvalta kasvoi. Tämän johdosta Daavid antoi mielensä veltostua. Nyt hän halusi kerskata sillä kuinka paljon hänen maassaan oli ihmisiä.

Exodus 30:12 sanoo: *"Kun sinä lasket israelilaisten lukumäärän-niiden, joiden on oltava katselmuksessa-niin jokainen heistä suorittakoon, heistä katselmusta pidettäessä, hengestään sovitusmaksun Herralle, ettei mikään rangaistus heitä kohtaisi, heistä katselmusta pidettäessä."* Jumala käski Israelin kansaa suorittamaan väestonlaskun kerran Exoduksen jälkeen mutta se tapahtui Israelin kansan järjestämiseksi. Jokaisen täytyi maksaa Herralle sovitusmaksu jotta jokainen muistaisi nöyryydessään että kaikkien elämä oli Jumalan suojeluksessa. Väestönlasku ei itsessään ole syntiä ja tarvittaessa sen tekeminen oli oikein. Jumala kuitenkin halusi että ihmiset nöyrtyisivät tietäessään kuinka monta ihmistä Hän oli luonut.

Daavid kuitenkin suoritti väestönlaskun vaikka Jumala ei ollut käskenyt häntä tekemään niin. Tämä paljasti sen että hän luotti sydämessään ihmisiin eikä Jumalaan, sillä suuren joukon omaaminen tarkoitti että hänellä oli paljon sotilaita ja että hänen valtionsa oli vahva. Daavid katui välittömästi ymmärtäessään syntinsä mutta hän oli jo suurten koettelemusten polulla. Kulkutaudit kohtasivat Isrelin kansaa niin että 70,000 ihmistä kuoli välittömästi. Näin monen ihmisen kuolema ei ole tietenkään pelkästään Daavidin ylpeyden syytä. Kuningas voi suorittaa väestönlaskun milloin tahansa ilman että hänen aikomuksenaan on tehdä syntiä. Ihmisen näkökulmasta katsottuna me emme siis voi sanoa että Daavid aikoi tehdän syntiä. Täydellisen Jumalan silmissä Hän saattoi kuitenkin sanoa että Daavid oli ylpeä sillä hän ei luottanut Jumalaan täydellisesti.

On asioita joita ihmiset eivät pidä pahana mutta jotka täydellisen Jumalan silmissä ovat kuitenkin väärin. Nämä ovat 'lihan jäänteitä' jotka jäävät jäljelle pyhittymisen jälkeenkin. Jumala salli tämän koettelemuksen kohdata Israelia Daavidin kautta tehdäkseen Daavidista yhä täydellisemmän poistamalla nämä lihan jäänteet. Perimmäisin syy Israelin kulkutauteihin oli kuitenkin sen kansan tekemät synnit jotka olivat vihastuttaneet Jumalan. 2 Samuel 24:1 sanoo: *"Mutta Herran viha syttyi taas Israelia kohtaan, niin että hän yllytti Daavidin heitä vastaan, sanoen: 'Mene ja laske Israel ja Juuda.'"* Joten tämän vitsauksen aikana hyvät pelastetuksi tulevat ihmiset eivät saaneet rangaistusta. Tänä aikana kuolleet olivat niitä jotka olivat tehneet syntejä jotka eivät olleet Jumalan silmissä hyväksyttäviä. Daavid kuitenkin suri ja katui kun hän näki kuinka ihmiset kuolivat hänen tähtensä. Tällä tavalla Jumala teki kahta työtä yhden tapahtuman kautta. Hän rankaisi syntisiä ihmisiä ja samaan aikaan jalosti Daavidia yhä entisestään.

Tämän rangaistuksen jälkeen Jumala salli Daavidin antaa sovitusuhrin Araunahissa. Daavid teki niinkuin Jumala käski. Hän meni Araunahiin ja alkoi rakentaa Jumalan temppeliä. Me näemme tästä että hän oli saanut jälleen Jumalan armon ylleeen. Tämän koettelemuksen kautta Daavid nöyrtyi yhä enemmän ja tämä oli yksi hänen ottamista askelista kohti hengen täyteyttä.

Hengen täyteyden todisteita

Jos me saavutamme hengen täyteyden tason me kannamma runsaasti hengen hedelmiä mikä todistaa meidän saavuttamastamme tasosta. Tämä ei kuitenkaan tarkoita että me emme kantaisi minkäänlaisia hedelmiä ennen tämän tason saavuttamista. Hengen ihmiset kantavat hengellisen rakkauden hedelmiä, kirkkauden hedelmiä, yhdeksää Pyhän Hengen hedelmää sekä hyveitä. Nämä ihmiset käyvät yhä jalostuksen prosessia läpi ja niin he eivät ole kantaneet näitä hedelmiä vielä täydellisesti. Jokainen hengen ihminen on eri tasolla hengellisten hedelmien kantamisessa.

Esimerkiksi henkilö joka noudattaa Jumalan käskyjä jotka

kehottavat meitä pitämään tai heittämään tiettyjä asioita pois ei kanna sisällään vihaa tai kaunaa missään tilanteessa. Eri hengen ihmiset kuitenkin kantavat hedelmää eri tavalla Jumalan käskyjen suhteen. Jumala kehottaa meitä esimerkiksi rakastamaan. On taso jolla me emme vihaa toisia ja taso jolla sinä liikutat lähimmäistesi sydämiä palvelemalla heitä aktiivisesti. On lisäksi taso jolla sinä voit antaa jopa oman elämäsi toisten puolesta. Me voimme sanoa että sinulla on hengen täyteys kun tämänkaltaiset teot ovat muuttumattomia ja täydellisiä.

Me kaikki myös kannamme Pyhän Hengen hedelmiä eri tavalla. Yksi hengen ihminen voi kantaa tiettyä hedelmää 50 prosenttia sen täydestä mitasta, kun taas jonkun toisen hedelmien kantamisen tason on 70%. Yksi voi olla täynnä rakkautta mutta olla ilman itsekuria tai olla täynnä uskollisuutta mutta täysin ilman nöyryyttä.

Täyden hengen ihmiset kuitenkin kantavat Pyhän Hengen hedelmiä täyden mitan mukaisesti. Pyhä Henki liikuttaa ja ohjaa heidän sydäntään 100 prosenttisesti niin että he ovat kaikissa asioissa harmonisia ilman että heiltä puuttuu yhtään mitään. He rakastavat Herraa palavasti ja he omaavat täydellisen itsekurin käyttäytyen kaikissa tilanteissa täydellisen sopivasti.

Nämä ihmiset ovat nöyriä ja lempeitä kuin pumpuli mutta tästä huolimatta he yhtä arvokkaita ja arvovaltaisia kuin leijona. Heissä on rakkautta joka etsii kaikessa muiden etua ja joka jopa uhraa oman henkensä muiden puolesta. Heissä ei ole lainkaan puolueellisuutta. He noudattavat Jumalan oikeutta. Jos Jumala käskee heitä tekemään jotakin mikä on ihmisvoimille mahdotonta, he noudattavat tätä käskyä sanoen vain "Aamen" tai "Kyllä."

Ulospäin hengen täyteyden ja hengen ihmisten kuuliaisuus näyttää samalta mutta niiden välillä on oikeasti suuri ero. Hengen ihmiset ovat Jumalalle kuuliaisia sillä he rakastavat Jumalaa kun taas hengen täyteyden ihmiset ovat Jumalalle kuuliaisia ymmärtäen Hänen sydäntään ja suunnitelmiaan. Hengen täyteyden ihmisistä on tullut Jumalan uskollisia lapsia jotka omaavat Hänen sydämensä saavutettuaan Kristuksen täyden mitan uskoa kaikissa asioissa. He etsivät pyhittymistä kaikissa asioissa ja he ovat kaikkien kanssa rauhassa ja uskollisia koko Jumalan talossa.

1. Tess. 4:3 sanoo: *"Sillä tämä on Jumalan tahto, teidän pyhityksenne, että kartatte haureutta."* 1. Tess. 5:23 sanoo puolestaan: *"Mutta itse rauhan Jumala pyhittäköön teidät kokonansa, ja säilyköön koko teidän henkenne ja sielunne ja ruumiinne nuhteettomana meidän Herramme Jeesuksen Kristuksen tulemukseen."*

Herran Jeesuksen Kristuksen tuleminen tarkoittaa sitä että Hän tulee hakemaan lapsensa pois ennen seitsemänvuotista ahdistusta. Tämä tarkoittaa sitä että meidän pitää saavuttaa hengen täyteyden taso ja pitää siitä täydellisesti kiinni voidaksemme kohdata Herran ennen kuin tämä tapahtuu. Saavutettuamme hengen täyteyden meidän sielumme ja kehomme kuuluu henkeen ja niin me voimme ottaa Herran vastaan tahrattomana.

Hengen ja hengen täyteyden ihmisille annettavat siunaukset

Hengen ihmisten sielu kukoistaa ja niin he ovat kaikessa menestyksekkäitä ja terveitä (3. Joh. 1:12). He ovat heittäneet pois jopa syvällä heidän sydämessään olleen pahuuden ja niin he ovat aidosti Jumalan pyhiä lapsia sanan todellisessa merkityksessä. He voivat siis nauttia hengellisesta vallasta kirkkauden lapsina.

Ensinnäkin, he ovat terveitä eivätkä he saa tauteja. Täytettyämme hengellä Jumala suojelee meitä sairauksilta ja onnettomuuksilta antaen meidän nauttia terveestä elämästä. Me emme haurastu tai heikkene vaikka tulemmekin vanhaksi emmekä me myöskään saa enempää ryppyjä. Jos me saavutamme hengen täyteyden jopa meidän vanhat ryppymmekin suoristuvat. Tällöin me nuorrumme ja saamme meidän voimamme takaisin.

Aabrahamista tuli hengen täyteyden mies kun hän läpäisi testin tarjoamalla Iisakin uhriksi. Hän sai lapsia yli 140 vuoden iässä. Tämä tarkoittaa sitä että hän virkosi ja nuorentui. Mooses puolestaan oli nöyrempi kuin kukaan muu maan päällä ja niin hänkin työskenteli uutterasti 40 vuoden ajan tultuaan Jumalan kutsumaksi 80 vuoden iässä. Edes 120 vuoden iässä *"hänen silmänsä eivät olleet hämärtyneet, eikä hänen elinvoimansa ollut kadonnut"* (3. Moos. 34:7).

Toisekseen, hengen ihmisten sydämessä ei ole pahuutta

ja niin Saatana ja paholainen eivät voi aiheuttaa heille koettelemuksia tai vaikeuksia. 1. Joh. 5:18 says, *"Me tiedämme, ettei yksikään Jumalasta syntynyt tee syntiä; vaan Jumalasta syntynyt pitää itsestänsä vaarin, eikä häneen ryhdy se paha."* Paholainen ja Saatana syyttävät lihan ihmisiä ja aiheuttavat heille koettelemuksia ja kiusauksia.

Alussa Job ei ollut heittänyt pois hänen luonteessaan olevaa pahuutta ja niin Jumala salli hänen kokevan koettelemuksia kun Saatana syytti Jobia Hänen edessään. Näiden Saatanan tuomien koettelemusten aikana Job ymmärsi pahuutensa ja katui syntejään. Saatana ei kuitenkaan voinut syyttää Jobia mistään sen jälkeen kun hän oli heittänyt pois hänen luonteessaan olevan pahuuden ja mennyt henkeen. Tämän jälkeen Jumala siunasi häntä kaksin verroin aikaisempaan verrattuna.

Kolmanneksi, hengen ihmiset kuulevat Pyhän Hengen äänen selvästi ja Hengen ohjaamina he ovat kaikessa menestyksekkäitä. Hengen ihmisten sydän on muuttunut totuudeksi ja niin he elävät Jumalan Sanan mukaisesti. Kaikki mitä he tekevät on totuuden mukaista. He noudattavat Pyhältä Hengeltä saamiaan kehotuksia. He myös uskovat vankasti rukoilemiinsa asioihin kunnes heidän rukouksensa tulevat vastatuiksi.

Jumala ohjaa meitä ja antaa meille viisautta ja ymmärrystä jos me olemme Hänelle tällä tavalla kuuliaisia kaikissa asioissa. Hän suojelee meitä vaikka me vahingossa menisimmekin vastoin

Hänen tahtoaan jos me vain jätämme kaiken Hänen käsiinsä. Jumala ohjaa meidät ansan ympäri ja tekee kaikessa työtä meidän puolestamma vaikka meidän edessämme ammottaisikin suuri salakuoppa.

Neljänneksi, hengen ihmiset saavat nopeasti kaiken mitä he pyytävät ja he voivat saada vastauksia pelkästään ajattelemalla jotakin sydämessään. 1 Joh. 3:21-22 sanoo: *"Rakkaani, jos sydämemme ei syytä meitä, niin meillä on uskallus Jumalaan, ja mitä ikinä anomme, sen me häneltä saamme, koska pidämme hänen käskynsä ja teemme sitä, mikä on hänelle otollista."* Tämä siunaus lankeaa hengen ihmisten päälle.

Jopa henkilöt jotka eivät omaa erikoisia kykyjä tai tietoutta voivat saada hengellisten siunausten lisäksi myös materiaalisia siunauksia jos he täyttyvät hengellä, sillä tällöin Jumala valmistaa heille kaiken ja ohjaa heitä.

Me saamme ylitsevuotavia siunauksia kun me pyydämme Jumalalta uskossa (Luukas 6:38) mutta kun me täymme hengellä me saamme korjata 30 kertaa enemmän, ja kun me olemme hengen täyteydessä me saamme korjata 60 tai 100 kertaa enemmän. Hengen ja hengen täyteyden ihmiset voivat saada mitä tahansa he ovat vain sydämessään ajatelleet.

Hengen täyteyden ihmisille annettavia siunauksia ei voida edes kuvailla. He ilahduttavat Jumalaa ja niin Jumala ilahduttaa heitä. Psalmi 37:4 sanoo: *"Silloin sinulla on ilo Herrassa, ja hän antaa sinulle, mitä sinun sydämesi halajaa."* Jumala antaa heille kaiken mitä he tarvitsevat, oli kyseessä sitten rahasta, maineesta, vallasta tai terveydestä.

Nämä ihmiset eivät kaipaa mitään henkilökohtaisella tasolla eikä heillä ole oikeastaan mitään minkä puolesta itselleen rukoilla. He rukoilevat tämän tähden aina Jumalan kuningaskunnan ja vanhurskauden puolesta sekä sellaisten sielujen puolesta jotka eivät tunne Jumalaa. Heidän rukouksensa ovat kaunis ja rikas tuoksu Jumalan edessä sillä heidän rukouksensa ovat hyviä sekä pahuudesta vapaita. Tästä johtuen Jumala ilostuu heidän rukouksistaan suuressa määrin.

Hengen täyteyden saavuttaneet ihmiset voivat tehdä ihmeellisiä uskon tekoja Ap. t. 1:8 mukaisesti kun he rakastavat sieluja ja rukoilevat palavasti. Jae sanoo: *"Vaan, kun Pyhä Henki tulee teihin, niin te saatte voiman, ja te tulette olemaan minun todistajani sekä Jerusalemissa että koko Juudeassa ja Samariassa ja aina maan ääriin saakka."* Kuten sanottua, hengen ja hengen täyteyden ihmiset rakastavat ja miellyttävät Jumalaa, saaden Häneltä Raamatun lupaamia siunauksia.

Luku 2

Jumalan alkuperäinen suunnitelma

Jumala ei halunnut Aatamin elävän ikuisesti tuntematta koskaan aitoa onnellisuutta, iloa, kiitollisuutta ja rakkautta. Tästä syystä Hän asetti hyvän- ja pahantiedon puun niin että Aatami voisi lopulta kokea lihallisia asioita.

Miksi Jumala ei luonut ihmisiä hengeksi?

Vapaan tahdon ja mielessä pitämisen tärkeys

Ihmisten luomisen tarkoitus

Jumala haluaa että Hänen uskolliset lapsensa tuottavat Hänelle kunniaa

Ihmisten jalostus on prosessi jonka kautta lihan ihmiset muuttuvat takaisin hengen ihmisiksi. Me voimme käydä kyllä kirkossa mutta jos me emme ymmärrä tätä asiaa niin kirkossa käymisellä ei ole mitään tarkoitusta. On monia jotka käyvät kirkossa ilman että he ovat syntyneet uudestaan Pyhässä Hengessä eikä heillä siten ole takuita pelastumisesta. Kristillisen elämän tarkoitus ei ole vain pelastua vaan myös löytää uudelleen Jumalan kadonnut kuva sekä jakaa meidän rakkautemme Jumalan kanssa ja ylistää Häntä ikuisesti Hänen uskollisena lapsenaan.

Mikä Jumalan alkuperäinen tarkoitus sitten oli kuin Hän loi Aatamin eläväksi hengeksi ja alkoi jalostamaan ihmisiä tämän maan päällä? Genesis 2:7-8 *"Silloin Herra Jumala teki maan tomusta ihmisen ja puhalsi hänen sieramiinsa elämän hengen, ja niin ihmisestä tuli elävä sielu. Ja Herra Jumala istutti paratiisin Eedeniin, itään, ja asetti sinne ihmisen, jonka hän oli tehnyt."*

Jumala loi taivaat ja maat Sanallaan. Ihmisen Hän kuitenkin

muovasi omin käsineen. Myös taivaalliset isännät ja enkelit luotiin hengiksi. Tarkoitus oli kuitenkin että ihmiset eläisivät lopulta taivaassa. Miksi Jumala sitten aloitti näin monimutkaisen ihmisten tomusta luomisen prosessin? Miksi Hän ei vain luonut heitä hengeksi heti saman tien? Tähän liittyy Jumalan erityinen suunnitelma.

Miksi Jumala ei luonut ihmisiä hengeksi?

Ihmiset eivät olisi voineet kokea mitään lihallista jos Jumala olisi maan tomusta luomisen sijaan luonut heidät hengeksi. Hengeksi luodut ihmiset olisivat noudattaneet Jumalan Sanaa eivätkä he olisi koskaan syöneet hyvän- ja pahantiedon puusta. Maaperä voi muuttua sen mukaan mitä siihen laitetaan. Aatami saattoi tulla korruptoiduksi siitä huolimatta että hän eli hengellisessä paikassa sen takia että hänet oli luotu maan tomusta. Tämä ei kuitenkaan tarkoita sitä että hän olisi ollut korruptoitunut alusta saakka.

Eedenin puutarha on hengellinen paikka joka on täynnä Jumalan energiaa ja niin Saatana ei voinut istuttaa Aatamin sydämeen mitään lihallisia piirteitä. Jumala oli kuitenkin antanut Aatamille vapaan tahdon ja niin hän olisi voinut hyväksyä lihan jos hänessä olisi ollut siihen halua. Liha olisi kyllä tullut Aatamiin siitä huolimatta että hän oli elävä henki jos hän vain olisi tietoisesti ottanut sen vastaan. Pitkän ajan kuluttua Aatami avasi sydämensä Saatanan kiusauksille ja otti lihan vastaan.

Alunperin Jumala antoi ihmisille vapaan tahdon ihmiskunnan jalostuksen takia. Aatami ei olisi ottanut lihaa vastaan jos Jumala ei olisi antanut Hänelle vapaata tahtoa. Tämä tarkoittaa myös sitä että tällöin ihmiskunnan jalostus ei olisi voinut tapahtua. Jumalan ihmiskunnan jalostuksen suunnitelmien mukaisesti tämän jalostuksen täytyi tapahtua, ja niin Hän ei kaikkitietävänä luonut Aatamista hengellistä olentoa.

Vapaan tahdon ja mielessä pitämisen tärkeys

Genesis 2:17 sanoo: *"...mutta hyvän-ja pahantiedon puusta älä syö, sillä sinä päivänä, jona sinä siitä syöt, pitää sinun kuolemalla kuoleman."* Kuten jo sanottua, Jumala loi ihmisen tomusta ja antoi hänelle vapaan tahdon suunnitelmansa mukaisesti. Tämä syy oli ihmiskunnan jalostus. Ihmisistä voi tulla uskollisia Jumalan lapsia ainoastaan ihmiskunnan jalostuksen kautta.

Yksi syy siihen että synti asettui Aatamiin oli hänen vapaa tahtonsa. Toinen syy tähän oli kuitenkin se että hän ei pitänyt Jumalan Sanaa mielessään. Jumalan Sanan mielessä pitäminen on Hänen Sanansa kaivertamista sydämeen ja sen mukaan elämistä.

On ihmisiä jotka toistavat samojen virheiden tekemistä kun taas toiset ihmiset eivät koskaan tee samaa virhettä kahdesti. Tämä johtuu siitä että toiset pitävät asioita mielessään kun taas toiset unohtavat asioita. Synti asettui Aatamiin sillä hän ei tiennyt kuinka tärkeää Jumalan Sanan mielessä pitäminen oli. Me voimme kuitenkin saavuttaa hengen tason pitämällä Jumalan

Sanan mielessämme ja elämällä sen mukaisesti. Tämän tähden Jumalan Sanan pitäminen meidän mielessämme on niin tärkeää. On ihmisiä joiden henki on kuollut heissä olevan perisynnin takia. Heidän kuolleet henkensä kuitenkin virkoavat jos he ottavat Jeesuksen Kristuksen vastaan ja saavat Pyhän Hengen päälleen. Tästä hetkestä alkaen heidän henkensä syntyvät Hengestä jos he pitävät Jumalan Sanan mielessään ja elävät sen mukaisesti. He pystyvät saavuttamaan hengellisen kasvun nopeasti. Tämän tähden Jumalan Sanan pitämisellä ja sen mukaan elämisellä on erittäin tärkeä osa hengen löytämisessä.

Ihmisten luomisen tarkoitus

Taivaassa on useita hengellisiä olentoja, kuten esimerkiksi aina Jumalan käskyjä noudattavia enkeleitä. Muutamaa poikkeusta lukuunottamatta nämä enkelit eivät kuitenkaan omaa ihmispiirteitä. Niillä ei ole vapaata tahtoa jonka mukaan ne voisivat päättää jakaa rakkauttaan. Tämän tähden Jumala loi ensimmäisen ihmisen, Aatamin, voidakseen jakaa rakkautensa tämän kanssa.

Ajattele hetken aikaan kuinka onnellisen Jumalan onkaan pitänyt olla Aatamia luodessaan. Muovatessaan Aatamin huulia Hän halusi tämän ylistävän Häntä; muovatessaan tämän korvia Hän halusi tämän kuuntelevan Jumalan ääntä ja noudattan sitä; tehdessään silmiä Hän halusi Aatamin näkevän ja aistivan kaikessa Hänen luomassaan olevan kauneuden ja tuottavan Jumalalle kunniaa.

Jumala loi ihmiskunnan saadakseen osakseen kunniaa ja ylistystä ihmisten kautta sekä jakaakseen heidän kanssaan rakkautensa. Hän halusi lapsia joiden kanssa Hän pystyisi jakamaan kaikessa maailmankaikkeudessa ja taivaassa olevan kauneuden. Hän halusi nauttia onnellisuudesta lastensa kanssa ikuisesti.

Ilmestyskirja näyttää meille kuinka Jumalan pelastuneet lapset ylistävät ja palvovat Jumalan valtaistuimen edessä. Päästyään taivaaseen nämä lapset eivät voi tehdä muuta kuin ylistää Jumalaa ja palvoa Häntä sydämensä pohjasta sillä niin kaunis ja riemuisa paikka se on ja niin suuri on Jumalan kaikkivaltius.

Ihmiset luotiin hengelliseksi olennoksi mutta heistä tuli kuitenkin lihallisia ihmisiä. Heistä tulee kuitenkin Jumalan todellisia lapsia jotka kiittävät, rakastavat ja kirkastavat Jumalaa sydämensä pohjasta jos heistä tulee taas hengen ihmisiä sen jälkeen kun he ovat kokeneet iloa, vihaa, rakkautta ja surua.

Aatami ei ollut Jumalan todellinen lapsi eläessään Eedenin puutarhassa. Jumala opetti hänelle ainoastaan hyvyyttä ja totuutta ja niin Aatami ei edes tiennyt mitä synti ja pahuus olivat. Hänellä ei ollut aavistustakaan onnettomuudesta tai kivuista. Eedenin puutarha oli hengellinen paikka eikä mikään kuollut tai kadonnut siellä.

Tästä syystä Aatami ei tuntenut kuoleman merkitystä. Hän eli suuressa yltäkylläisydessä sekä vauraudessa mutta tästä huolimatta hän ei pystynyt tuntemaan aitoa onnellisuutta, iloa tai kiitollisuutta. Koska Aatami ei ollut koskaa kokenut surua tai onnettomuutta hän ei myöskään pystynyt tuntemaan verrannollista onnea tai iloa. Hän ei tiennyt mitä viha oli ja niin hän ei myöskään tiennyt mitä oikea rakkaus oli. Jumala ei halunnut Aatamin elävän ikuisesti tuntematta oikeaa iloa, onnea, kiitollisuutta tai rakkautta. Tämän tähden Hän asetti hyvän- ja pahantiedon puun Eedenin puutarhaan jotta Aatami voisi lopulta kokea lihallisia asioita.

Lihallisia asioita kokeneiden ihmisten muuttuessa taas Jumalan lapsiksi he ymmärtävät kuinka hyvä henki on ja kuinka kallisarvoista totuus on. Tämän jälkeen he voivat kiittää Jumalaa aidosti saamastaan ikuisen elämän lahjasta. Kun me olemme ymmärtäneet Jumalan sydäntä me emme enää kyseenalaista Hänen päätöstään asettaa hyvän- ja pahantiedon puu Eedenin puutarhaan ja siten sallia ihmisten kärsimykset. Tämän sijaan me voimme kiittää ja ylistää Jumalaa siitä että Hän antoi ainoan Poikansa Jeesuksen ihmiskunnan pelastamiseksi.

Jumala haluaa että Hänen uskolliset lapsensa tuottavat Hänelle kunniaa

Jumala jalostaa ihmiskuntaa uskollisten lapsien saamisen lisäksi saadakseen heidän kauttaan kunniaa. Jesaja 43:7 sanoo: *"Kaikki, jotka ovat otetut minun nimiini ja jotka minä olen kunniakseni luonut, jotka minä olen valmistanut ja tehnyt."* Tämän lisäksi 1. Kor. 10:31 sanoo: *"Söittepä siis tai joitte tai teittepä mitä hyvänsä, tehkää kaikki Jumalan kunniaksi."*

Jumala on rakkauden ja oikeudenmukaisuuden Jumala. Hän ei ainoastaan valmistanut meille taivasta ja ikuista elämää vaan myös antoi puolestamme ainoan Poikansa. Jumala ei kuitenkaan halua vain kunniaa. Perimmäinen syy siihen miksi Jumala haluaa kunniaa on että Hän haluaa antaa sen takaisin Häntä kirkastaville ihmisille: Joh. 13:32 sanoo: "*...Jos Jumala on kirkastettu hänessä, niin kirkastaa myös Jumala hänet itsessään ja kirkastaa hänet pian.*"

Saadessaan meidän kauttamme kunniaa Jumala kaataa tämän maan päälle ylitsevuotavia siunauksia ja Hän antaa meille lisäksi ikuistaa kunniaa taivaallisessa kuningaskunnassa. 1. Kor 15:41 "*Ja että hänet haudattiin ja että hän nousi kuolleista kolmantena päivänä, kirjoitusten mukaan.*"

Tämä kertoo meille taivaallisten asuinsijojen ja jokaisen pelastetun sielun kirkkauden olevan erilaisia taivaallisessa kuningaskunnassa. Taivaalliset asuinsijat ja kirkkauden määrä päätetään sen perusteella kuinka paljon syntiä me olemme heittäneet pois omataksemme puhtaan ja pyhän sydämen ja kuinka uskollisesti me olemme palvelleet Jumalan kuningaskuntaa. Kun nämä on kerran päättetty niiden määrää tai tasoa ei enää muuteta.

Jumala loi ihmiset saadakseen itselleen henkeen kuuluvia lapsia. Jumalan alkuperäisen suunnitelman mukaan Hän antoi ihmisille vapaan tahdon jonka avulla he voivat heittää pois epätotuuteen kuuluvan lihan ja sielun ja muuttua hengen ihmiseksi ja tulla hengen täyteyteen. Jumalan tarkoitus luoda ja jalostaa ihmiskuntaa täyttyy niiden ihmisten kautta jotka ovat muuttuneet hengen ihmiseksi ja saavuttaneet hengen täyteyden.

Kuinka monen te luulette nykyään elävän Jumalan tarkoitusperien arvoista elämää? Me etsisimme Aatamin synnin tähden kadonnutta Jumalan kuvaa jos me aidosti ymmärrämme syyn siihen että Jumala loi ihmiskunnan. Me näkisimme, kuulisimme ja puhuisimme ainoastaan totuutta ja meidän ajatuksemme ja tekomme olisivat pyhiä ja täydellisiä. Tällä tavalla me tulemme Jumalan uskolliseksi lapseksi joka tuottaa Hänelle suurempaa riemua kuin se mitä Hän tunsi Aatamin luotuaan. Tämänkaltaiset uskolliset lapset saavat nauttia taivaan ikuisesta kirkkaudesta jota ei voida edes verrata siihen kirkkauteen mistä Aatami, elävät henki, nautti Eedenin puutarhassa!

Luku 3

Uskollinen ihminen

Jumala loi ihmiset omaksi kuvakseen.
On Jumalan vilpitön tahto että me löydämme uudelleen
Hänen kadonneen kuvansa ja otamme osaa Hänen taivaalliseen luontoonsa.

Ihmisten velvollisuus

Jumala vaelsi Eenokin kanssa

Jumalan ystävä Aabraham

Mooses rakasti kansaansa enemmän kuin omaa elämäänsä

Apostoli Paavali oli jumalallinen

Hän kutsui heitä jumaliksi

M
e voimme löytää uudelleen totuuden tietoudella täyttyneen hengen sydämen jos me vain elämme Jumalan Sanan mukaisesti. Tämänkaltaisen sydämen Aatami elävänä henkenä omasi ennenkuin hän teki syntiä. Ihmisten velvollisuus on löytää Aatamin synnin tähden kadotettu Jumalan kuva ja ottaa osaa Jumalan taivaalliseen luontoon. Raamattu kertoo ihmisistä jotka ovat saaneet Jumalan Sanan ja levittäneet sitä, jotka puhuivat Jumalan salaisista asioista ja jotka ovat näyttäneet Jumalan voiman elävästä Jumalasta todistaen. Raamattu myös kertoo siitä kuinka näitä ihmisiä pidettiin niin korkea-arvoisina että jopa kuninkaat kumarsivat heidän edessään. Tämä johtuu siitä että he olivat Jumalan, kaikkein korkeimman, uskollisia lapsia (Psalmi 82:6).

Babylonian kuningas Nebukadnessar näki eräänä yönä unen mikä teki hänestä erittäin levottoman. Hän kutsui luokseen velhoja ja kaldealaisia ja pyysi heitä selittämään unen merkityksen kertomatta heille kuitenkaan mikä hänen näkemänsä piti sisällään. Tämä ei ollut kuitenkaan mahdollista ihmisten voimille vaan ainoastaan Jumalalle joka ei elä ihmisen kehossa,

Seuraavaksi Daniel, Jumalan mies, pyysi kuninkaalta aikaa voidakseen selittää tälle hänen unensa merkityksen. Jumala näytti Danielille salaisia asioita yöllisen näyn kautta. Daniel meni kuninkaan eteen ja kuvasi kuninkaan unen ja selitti sen merkityksen. Tämän jälkeen kunigas Nebukadnessar lankesi maahan ja ylisti Danielia, käskien alaisiaan tuomaan Danielille lahjoja sekä suitsukkeita. Nebukadnessar ylisti myös Jumalaa.

Ihmisten velvollisuus

Kuningas Salomon oli rikkaampi ja vaikutusvaltaisempi kuin kukaan muu. Salomonin isä, Daavid, oli yhdistänyt suuren kuningaskunnan ja tämän perusteella Salomonin maan vaikutusvalta kasvoi kasvamistaan ja sen naapurimaat maksoivat sille veroja. Salomonin aikana hänen kuningaskuntasa oli loistonsa huipulla (1. Kun. 10).

Ajan kuluessa Salomon kuitenkin unohti Jumalan armon. Hän luuli että kaikki oli vain hänen voimansa ansiota. Hän ei pitänyt kiinni Jumalan Sanasta ja hän rikkoi Jumalan käskyä joka kielsi naimasta pakanakansojen naisia. Salomon otti useita pakanaisia jalkavaimoja elämänsä viimeisten vuosien aikana. Tämän lisäksi hän perusti pyhiä paikkoja hänen jalkavaimojensa tahdon mukaisesti ja hän itsekin palvoi epäjumalia.

Jumala varoitti Salomonia kahdesti siitä että hän palvoi vääriä jumalia mutta Salomon ei kuitenkaan kuunnellut näitä varoituksia. Lopulta Jumalan viha lankesi kansan päälle seuraavan sukupolven aikana ja Israel jakautui kahteen valtioon.

Salomon pystyi ottamaan itselleen mitä tahansa hän halusi mutta viimeisten päiviensä aikana hän tunnusti: *"Turhuuksien turhuus, sanoi saarnaaja, turhuuksien turhuus; kaikki on turhuutta!"* (Saarnaaja 1:2)

Salomon ymmärsi että kaikki tämän maailman asiat ovat turhia ja hän sanoi: *"Loppusana kaikesta, mitä on kuultu, on tämä: Pelkää Jumalaa ja pidä hänen käskynsä, sillä niin tulee jokaisen ihmisen tehdä"* (Saarnaaja 12:13). Hän sanoi että ihmisten velvollisuus on pelätä Jumalaa ja pitää Hänen käskynsä.

Mitä tämä tarkoittaa? Jumalan pelkääminen on pahan vihaamista (Sananlaskut 8:13). Jumalaa rakastavat heittävät pahan pois ja pitävät Hänen käskynsä, ja tällä tavalla he täyttävät ihmisten velvollisuudet. Ihmisten voidaan sanoa olevan täydellisiä kun me jalostamme Herran sydäntä löytääksemme Jumalan kadonneen kuvan. Syventykäämme seuraavaksi muutamaan esimerkkiin patriarkoista ja Jumalaa miellyttävistä aidon uskon omanneista ihmisistä.

Jumala vaelsi Eenokin kanssa

Jumala kulki Eenokin kanssa kolmensadan vuoden ajan ja otti hänet luokseen elävänä. Synnin palkka on kuolema ja se että Eenok otettiin taivaaseen kuolemaa kokematta todistaa siitä että Jumala tunnusti hänen olleen synnitön. Hän jalosti sydämestään puhtaan ja nuhteettooman sydämen joka muistutti Jumalan sydäntä. Tämän tähden Saatana ei voinut syyttää häntä mistään kun hänet otettiin taivaaseen elävänä.

Genesis 5:21-24 kuuluu seuraavasti: *"Kun Hanok oli kuudenkymmenen viiden vuoden vanha, syntyi hänelle Metusalah. Ja Hanok vaelsi Metusalahin syntymän jälkeen Jumalan yhteydessä kolmesataa vuotta, ja hänelle syntyi poikia ja tyttäriä. Niin oli Hanokin koko elinaika kolmesataa kuusikymmentä viisi vuotta. Ja kun Hanok oli vaeltanut Jumalan yhteydessä, ei häntä enää ollut, sillä Jumala oli ottanut hänet pois."*

'Jumalan kanssa vaeltaminen' tarkoittaa sitä että Jumala on henkilön kanssa joka hetki. Eenok eli Jumalan tahdon mukaisesti kolmensadan vuoden ajan. Jumala oli Eenokin kanssa mihin tahansa hän menikin.

Jumala on kirkkaus, hyvyys ja itse rakkaus. Voidaksemme kulkea tämänkaltaisen Jumalan kanssa meidän sydämemme täytyy olla täysin vapaa pimeydestä sekä täyttynyt hyvyydellä ja rakkaudella. Eenok eli syntisessä maailmassa mutta hän piti itsensä puhtaana. Juud. 1:14 sanoo: *"Heistäkin Eenok, Aadamista seitsemäs, on ennustanut, sanoen: 'Katso, Herra tulee tuhannen tuhansine pyhinensä.'"* Kuten kirjoitettu on, hän antoi kansojen tietää Herran Toisesta tulemisesta sekä tuomion päivästä.

Raamattu ei puhu mitään Eenokin suurista saavutuksista tai siitä että hän olisi tehnyt jotakin suurta Jumalalle. Jumala kuitenkin rakasti häntä niin suuresti sen tähden että hän pelkäsi Jumalaa ja eli pyhän elämän pahuutta välttäen. Tämän tähden Jumala otti hänet luokseen niin 'nuorena.' Tuohon aikaan ihmiset elivät yli 900 vuotta vanhaksi ja Eenok oli 365 kun hänet otettiin ylös. Hän oli nuori, elinvoimainen mies.

Hepr. 11:5 sanoo: *"Uskon kautta otettiin Eenok pois, näkemättä kuolemaa, eikä häntä enää ollut, koska Jumala oli ottanut hänet pois. Sillä ennen poisottamistaan hän oli saanut todistuksen, että hän oli otollinen Jumalalle."*

Jopa tänäkin päivänä Jumala haluaa meidän elävän pyhää ja jumalaapelkäävää elämää omaten pyhän ja kauniin sydämen joka ei ole tämän mailman tahraama. Tällöin Jumala voi kulkea meidän kanssamme.

Jumalan ystävä Aabraham

Jumala halusi ihmiskunnan tietävän Aabrahamin, 'uskon isän', kautta minkälaisia Hänen haluamat uskolliset lapset ovat. Aabrahamia kutsuttiin myös 'siunausten lähteeksi' sekä 'Jumalan ystäväksi.' Ystävä on henkilö johon me voimme luottaa ja jonka kanssa me voimme jakaa salaisuuksia. Kesti tietenkin jonkin aikaa ennen kuin Aabraham kykeni luottamaan Jumalaan täysin. Kuinka Aabrahamia alettiin sitten kutsua Jumalan ystäväksi?

Aabraham totteli Jumalaa sanoen vain 'Kyllä' tai 'Aamen.' Hän noudatti Jumalan kutsua tietämättä edes minne mennä kun Jumala käski häntä jättämään kotikaupunkinsa. Aabarahm myös etsi aina muiden etua ja ajoi rauhaa. Hän asui veljenpoikansa Lootin kanssa ja kun heidän tuli aika erota Aabraham antoi Lootin valita ensin minkä maan tämä itselleen halusi. Setänä

Aabraham omasi oikeuden ensimmäiseen valintaan mutta hän antoi tämän oikeuden pois.

Aabraham sanoi Genesiksen jakeessa 13:9 näin: *"Eikö koko maa ole avoinna edessäsi? Eroa minusta. Jos sinä menet vasemmalle, niin minä menen oikealle, tahi jos sinä menet oikealle, niin minä menen vasemmalle."*

Aabraham omasi niin kauniin sydämen että Jumala antoi hänelle siunausten lupauksen uudelleen. Genesiksen jakeissa 13:15-1 Jumala lupasi näin: *"...Sillä kaiken maan, jonka näet, minä annan sinulle ja sinun jälkeläisillesi ikuisiksi ajoiksi. Ja minä teen sinun jälkeläistesi luvun paljoksi kuin maan tomun. Jos voidaan lukea maan tomu, niin voidaan lukea myöskin sinun jälkeläisesi."*

Eräänä päivänä usean kuninkaan yhdistetyt voimat hyökkäsivät Sodomaan ja Gomorraa vastaan, ottaen siellä asuneen Lootin vangiksi. Aabraham johti hänen talossaan syntyneet miehet, yhteensä 318 miestä, ja seurasi vihollisjoukkoja aina Daaniin saakka. Hän toi takaisin kaiken sotasaaliiksi viedyn, veljenpoikansa Lootin tämän omaisuuksineen, sekä myös vangiksi viedyt naiset ja muut ihmiset.

Tämän kaiken johdosta Sodoman kuningas halusi antaa Aabrahamille sotasaalista kiitokseksi mutta Aabraham sanoi: *"En totisesti ota, en langan päätä, en kengän paulaa enkä mitään muuta, mikä on sinun, ettet sanoisi: 'Minä olen tehnyt Abramin rikkaaksi'"* (Genesis 14:23). Ei ollut epähurskasta ottaa jotakin vastaan kuninkaalta mutta Aabraham kieltäytyi kuninkaan tarjouksesta todistaakseen että kaikki taloudellinen siunaus on peräisin Jumalalta. Aabraham etsi vain Jumalan kunniaa puhtain sydämin ja itsekyydestä vapaana, ja niin Jumala siunasi häntä runsaasti.

Aabraham noudatti käskyä välittömästi kun Jumala käski häntä uhraamaan ainoan poikansa Iisakin polttouhrina. Hän luotti siihen että Jumala toisi Iisakin takaisin elossa. Lopulta Jumala teki Aabrahamista uskon isän sanomalla: *"Minä runsaasti siunaan sinua ja teen sinun jälkeläistesi luvun paljoksi kuin taivaan tähdet ja hiekka, joka on meren rannalla, ja sinun jälkeläisesi valtaavat vihollistensa portit. Ja sinun siemenessäsi tulevat siunatuiksi kaikki kansakunnat maan päällä, sentähden että olit minun äänelleni kuuliainen"* (Genesis 22:17-18). Lisäksi Jumala lupasi Aabrahamille että Jumalan Poika, Jeesus, ihmiskunnan pelastaja, tulisi olemaan hänen jälkeläisensä.

Joh. 15:13 sanoo: *"Sen suurempaa rakkautta ei ole kenelläkään, kuin että hän antaa henkensä ystäväinsä edestä."* Aabraham oli valmis uhraamaan ainoan poikansa Iisakin joka oli hänelle hänen omaa elämäänsäkin kallisarvoisempi. Tällä tavalla Aabraham ilmaisi rakkautensa Jumalaa kohtaan. Jumala teki Aabrahamista esimerkin ihmiskunnan jalostukselle kutsumalla häntä Jumalan ystäväksi Aabrahamin suuren uskon ja rakkauden tähden.

Jumala on kaikkivaltias ja niin Hän voi tehdä mitä tahansa

ja antaa meille mitä tahansa. Hän kuitenkin antaa lapsilleen siunauksia ja vastauksia heidän rukouksiinsa sen mukaan kuinka he ovat totuuden kautta muuttuneet ihmiskunnan jalostuksen aikana. Näin nämä lapset voivat tuntea Jumalan rakkauden kiittäen Häntä Hänen siunauksistaan.

Mooses rakasti kansaansa enemmän kuin omaa elämäänsä

Mooseksen ollessa Egyptin prinssi hän tappoi egyptiläisen miehen omaa kansaansa puolustaakseen. Tämän tapauksen tähden hänen piti paeta faaraon palatsista ja tästä lähtien hän eli erämaassa paimenena eläimiä paimentaen 40 vuoden ajan. Mooses oli paimenena alhaisessa asemassa Miidianin erämaassa. Hänen täytyi luopua kaikesta siitä ylpeydestä ja arvosta mitä hän oli Egyptin prinssinä tuntenut. Jumala ilmestyi tälle nöyrälle Moosekselle ja antoi hänelle tehtäväksi johdattaa Israelin kansa Egyptistä. Mooseksen täytyi vaarantaa oma henkensä tämän tähden mutta hän oli Jumalalle kuuliainen ja astui faaraon eteen.

Me näemme kuinka suuren sydämen Mooses omasi ottaessaan Israelin kansan omakseen. Israelin kansa nurisi Moosesta vastaan aina kun he kohtasivat ongelmia ja yrittivät jopa kivittää hänet.

Israelin kansa valitti janoaan kun heillä ei ollut vettä. Kun heillä oli vettä he valittivat että heillä ei ollut ruokaa. Kun Jumala antoi heille taivaasta mannaa he valittivat että heillä ei ollut lihaa. He sanoivat että Egyptissä ollessaan he olivat syöneet hyvää ruokaa ja he vähättelivät mannaa, sanoen sen olevan kurjaa ruokaa.

Lopulta Jumala käänsi kasvonsa heistä pois ja erämaan käärmeet tulivat ja pistivät heitä. Silti he pelastuivat sillä Jumala kuunteli Mooseksen vilpittömiä rukouksia. He olivat todistaneet kuinka Jumala oli Mooseksen kanssa mutta tästä huolimatta he valoivat kultaisen vasikan epäjumalakseen ja alkoivat palvoa sitä heti kun Mooses oli poissa näkyvistä. Pakananaiset saivat heidät myös tekemään haureutta mikä on myös hengellistä haureutta. Mooses rukoili Jumalaa kansansa puolesta kyynelsilmin. Hän tarjosi oman henkensä kansansa puolesta vaikka he eivät muistaneetkaan saamaansa armoa.

Exodus 32:31-32 sanoo:

Ja Mooses palasi Herran tykö ja sanoi: 'Voi, tämä kansa on tehnyt suuren synnin! He ovat tehneet itselleen jumalan kullasta. Jospa nyt antaisit heidän rikoksensa anteeksi! Mutta jos et, niin pyyhi minut pois kirjastasi, johon kirjoitat.'

Tässä nimen pyyhkiminen kirjasta tarkoittaa sitä että ihminen ei voi pelastua vaan hän joutuu kärsimään ikuisesti helvetissä ikuisessa kuolemassa. Mooses oli tästä hyvin tietoinen mutta tästä huolimatta hän oli valmis pelastamaan kansansa itsensä uhraamalla.

Mitä sinä luulet Jumalan tästä ajatelleen? Mooses ymmärsi

selvästi Jumalan sydäntä joka vihaa syntiä mutta haluaa syntisten pelastuvan. Jumala oli erittäin mielissään Mooseksen tähden ja Hän rakasti tätä erittäin paljon. Jumala kuuli tämän Mooseksen rakkauden rukouksen ja salli Israelin kansa välttää tuhon.

Kuvittele, että on olemassa virheetön nyrkinkokoinen timantti. Kuvittele, että on myös olemassa tuhansia samankokoisia kiviä. Kumpi näistä on arvokkaampi? Kivien lukumäärästä huolimatta kukaan ei ottaisi niitä timantin sijaan. Samalla tavalla ihmiskunnan jalostuksen tarkoituksen täyttäneen Mooseksen arvo oli paljon suurempi kuin miljoonien tavallisten ihmisten jotka eivät olleet saavuttaneet samaa uskon määrää (Exodus 32:10). 4. Moos. 12:3 puhuu Mooseksesta näin: *"Mutta Mooses oli sangen nöyrä mies, nöyrempi kuin kukaan muu ihminen maan päällä."* 4. Moos. 12:7 jakeessa Jumala takaa Mooseksen, sanoen: *"Niin ei ole minun palvelijani Mooses, hän on uskollinen koko minun."*

Raamattu kertoo useaan otteeseen kuinka paljon Jumala rakasti Moosesta. Exodus 33:11 sanoo: *"Ja Herra puhutteli Moosesta kasvoista kasvoihin, niinkuin mies puhuttelee toista."* Exodus 33 kertoo kuinka Jumala vastasi Moosekselle kun hän pyysi saavansa nähdä Hänen kasvonsa.

Apostoli Paavali oli jumalallinen

Apostoli Paavali teki työtä Herran puolesta koko elämällään

ja silti hän oli aina murheellinen menneisyytensä tähden sillä hän oli aiemmin vainonnut Herra. Tämän tähden hän otti ankarat koettelemukset vastaan kiitollisena, sanoen: *"Sillä minä olen apostoleista halvin enkä ole sen arvoinen, että minua apostoliksi kutsutaan, koska olen vainonnut Jumalan seurakuntaa"* (1. Kor. 15:9).

Paavali vangittiin, hänet pahoinpideltiin useaan otteeseen ja hän oli usein kuoleman vaarassa. Viidesti juutalaiset antoivat hänelle 39 raipaniskua. Kolmesti hänet hakattiin vitsoilla, kerran häntä kivitettiin, kolmasti hän koki haaksirikon ja kokonaisen päivän ja yön hän vietti syvyydessä. Hän matkusti jatkuvasti usein vaarallisia jokia pitkin ja hän eli ryövereiden uhan alla maanmiestensä ja pakanoiden uhkaamana, työtä ja vaikeuksia kokien, läpi unettomien öiden, nälkää ja janoa kokien, usein ilman ruokaa, kylmässä ja suojatta.

Hänen kärsimyksensä olivat niin suuria että hän sanoi jakeessa 1. Kor. 4:9: *"Sillä minusta näyttää, että Jumala on asettanut meidät apostolit vihoviimeisiksi, ikäänkuin kuolemaan tuomituiksi; meistä on tullut kaiken maailman katseltava, sekä enkelien että ihmisten."*

Miksi Jumala sitten salli näin uskollisen apostolin Paavalin kokevan näin suuria vainoja ja koettelemuksia? Jumala halusi Paavalin tulevan henkilöksi joka omaa kristallinkirkkaan sydämen. Paavali ei voinut luottaa vaikeissa tilanteissa joissa hän oli pidätyksen tai kuoleman uhan alla kehenkään muuhun kuin Jumalaan. Jumala antoi hänelle lohdutusta ja riemua. Apostoli

Paavali kielsi itsensä täysin ja jalosti sydämestään Herran sydämen.

Paavalin seuraava tunnustus on hyvin liikuttava sillä hänestä oli kuoriutunut kaunis ihminen kaikkien näiden koettelemusten kautta. Hän ei halunnut välttää mitään vaikeuksia vaikka ne olisivatkin sietämättömiä. Hän tunnusti rakkautensa kirkkoa ja sen jäseniä kohtaan sanoen jakeessa 2. Kor. 11:28 seuraavasti: *"Ja kaiken muun lisäksi jokapäiväistä tunkeilua luonani, huolta kaikista seurakunnista."*

Paavali sanoi jakeessa Room. 9:3 seuraavasti hänen tappamistaan haluavista veljistä näin: *"Sillä minä soisin itse olevani kirottu pois Kristuksesta veljieni hyväksi, jotka ovat minun sukulaisiani lihan puolesta."* Tässä minun sukulaiseni ja lihani viittaa häntä vainonneisiin juutalaisiin sekä fariseuksiin jotka olivat tehneet hänen elämästään niin vaikeata.

Ap. t. 23:12-13 sanoo: *"Mutta päivän tultua juutalaiset tekivät salaliiton ja vannoivat valan, etteivät söisi eivätkä joisi, ennenkuin olivat tappaneet Paavalin. Ja niitä oli viidettäkymmentä miestä, jotka yhtyivät tähän valaan."*

Paavali ei koskaan antanut aihetta heille kantaa häntä kohtaan kaunaa. Paavali ei koskaan valehdellut heille tai aiheuttanut heille vahinkoa. He kuitenkin muodostivat joukon joka halusi tappaa hänet ainoastaan sen tähden että hän saarnasi evankeliumia ja teki Jumalan ihmeellisiä tekoja.

Tästä huolimatta Paavali rukoili näiden ihmisten puolesta jotta he voisivat pelastua silläkin uhalla että se johtaisi hänen oman pelastuksensa menettämiseen. Tästä syystä Jumala antoi hänelle suuria voimia. Paavali omasi suurta hyvyyttä minkä avulla hän pystyi uhraamaan jopa oman henkensä ihmisten puolesta jotka halusivat tappaa hänet. Jumala antoi hänen tehdä ihmeellisiä tekoja kuten pahojen henkien ja sairauksien pois ajamista pelkkien hänen koskettamien nenäliinojen tai vaatteiden kautta.

Hän kutsui heitä jumaliksi

Joh. 10:35 sanoo: *"Jos hän sanoo jumaliksi niitä, joille Jumalan sana tuli-ja Raamattu ei voi raueta tyhjiin."* Meistä tulee totuuden ihmisiä, eli hengen ihmisiä, kun me otamme Jumalan Sanan vastaan ja elämme sen mukaisesti. Tällä tavalla me voimme muistuttaa Jumalaa, joka on henki. Meidän pitää tulla hengen ihmiseksi ja sitten hengen täyteyden ihmiseksi. Tämän mukaisesti me voimme muuttua henkilöksi joka on yhä enemmän jumalallisen kaltainen.

Exodus 7:1 sanoo: *"Mutta Herra sanoi Moosekselle: 'Katso, minä asetan sinut jumalaksi faraolle, ja veljesi Aaron on oleva sinun profeettasi.'"* Lisäksi Exodus 4:16 sanoo: *"Ja hän on puhuva sinun puolestasi kansalle; niin hän on oleva sinulla suuna, ja sinä olet oleva hänellä jumalana."* Kuten on kirjoitettu, Jumala antoi Moosekselle niin suuria voimia että Mooses oli ihmisten silmissä Jumalan kaltainen.

Ap. t. 14 Paavali nosti Jeesuksen Kristuksen nimessä miehen jaloilleen ja kävelemään vaikka tämä ei ollut koskaan pystynyt kävelemään koko elämänsä aikana. Miehen noustessa ylös ja hyppiessä tämän todistaneet ihmiset sanoivat: *"Jumalat ovat ihmishahmossa astuneet alas meidän luoksemme"* (Ap.t. 14:11). Tämän esimerkin mukaisesti Jumalan kanssa kulkevat voivat vaikuttaa jumalilta sillä he ovat hengen ihmisiä fyysisestä kehostaan huolimatta.

Tämän tähden 2. Piet. 1:4 sanoo: *"Joiden kautta hän on lahjoittanut meille kalliit ja mitä suurimmat lupaukset, että te niiden kautta tulisitte jumalallisesta luonnosta osallisiksi ja pelastuisitte siitä turmeluksesta, joka maailmassa himojen tähden vallitsee."*

Meidän pitää ymmärtää että on Jumalan vilpitön halu että ihmiset ottavat osaa Hänen jumalalliseen luontoon ja niin meidän pitää heittää itsestämme pois kaikki katoavainen liha mikä miellyttää ainoastaan pahuuden voimia ja synnyttää meidän henkemme Hengen kautta uudelleen ja ottaa aktiivisesti osaa Jumalan jumalalliseen luontoon.

Me voimme saada osamme Jumalan voimasta kun me saavutamme tämän tason. Jumalan voima on lahja joka annetaan Häntä muistuttaville lapsille (Psalmi 62:11). Jumalan voiman saamisen todisteena toimivat merkit ja ihmeet sekä ihmeteot jotka kaikki tapahtuvat Pyhän Hengen voimasta.

Tämänkaltaisten voimien avulla me voimme johdattaa lukemattomia ihmisiä elämän ja pelastuksen polulle. Pietari teki useita suuria tekoa Pyhän Hengen voimalla.

Yli viisi tuhatta ihmistä pelastui yhden saarnan aikana. Jumalan voima on todiste siitä että elävä Jumala kulkee henkilön kanssa. Tämä on myös varma tapa istuttaa ihmisiin uskoa.

Ihmiset eivät uskoisi lainkaan ilman ihmeitä ja merkkejä (Joh. 4:48). Tämän tähden Jumala näyttää voimansa hengen täyteyden ihmisten kautta jotka ovat löytäneet henkensä niin täydellisesti että ihmiset voivat uskoa elävään Jumalaan, Pelastajaan Jeesukseen Kristukseen, taivaan ja helvetin olemassaoloon sekä Raamatun totuudenmukaisuuteen.

Luku 4

Hengellinen maailma

Raamattu puhuu usein hengellisestä maailmasta
ja siitä kuinka ihmiset ovat kokeneet sen.
Myös se paikka mihin me tämän maailman elämän jälkeen
menemme on osa hengellistä maailmaa.

Apsotoli Paavali tunsi hengellisen maailman salaisuudet

Raamatussa kuvattu rajaton hengellinen maailma

Taivas ja helvetti ovat varmasti olemassa

Niin kuin aurinko ja kuu eroavat kirkkaudessaan

Taivasta ei voida verrata Eedenin puutarhaan

Uusi Jerusalem, paras uskollisille lapsille annettu lahja

Jumalan kadonneen kuvan löytäneiden ihmisten päättäessä maallisen elämänsä he menevät takaisin hengelliseen maailmaan. Toisin kuin tämä fyysinen maailma tämä hengellinen maailma on rajaton. Me emme voi mitata sen korkeutta, syvyyttä tai leveyttä.

Tämä laaja hengellinen maailma jaetaan Jumalalle kuuluvaan kirkkauden tilaan sekä pahoille hengille annettuun pimeyteen. Kirkkauden osassa sijaitsee uskon kautta pelastuneille Jumalan lapsille varattu Taivaallinen kuningaskunta. Hepr. 11:1 sanoo: *"Mutta usko on luja luottamus siihen, mitä toivotaan, ojentautuminen sen mukaan, mikä ei näy."* Kuten sanottua, hengellinen maailma on näkymätön maailma. Toisin kuin tämän mailman tuuli mikä on kyllä olemassa mutta minkä todistaminen on mahdotonta, uskossa jonkin mahdottoman toivominen näyttää toteen käydessään sen kuinka tämä hengellinen maailma on todella olemassa.

Usko on portti joka yhdistää meidät hengelliseen maailmaan. Tätä kautta tässä fyysisessä maailmassa elävät voivat kohdata Jumalan hengellisessä maailmassa. Uskon avulla me voimme kommunikoida Jumalan, hengen, kanssa. Me voimme kuulla ja ymmärtää Jumalan Sanan kun meidän hengelliset korvamme ovat avoinna, ja kun meidän hengelliset silmämme ovat avoinna me voimme nähdä hengellisen maailman joka ei ole nähtävissä meidän fyysisillä silmillämme.

Meidän uskomme kasvaessa me voimme omata suuremman toivon taivaallisesta kuningaskunnasta ja ymmärtää Jumalan sydäntä yhä syvemmin. Tuntiessamme Hänen rakkautensa me emme voi estää itseämme rakastamasta Häntä. Tämän lisäksi tässä maailmassa mahdottomat hengellisen maailman asiat käyvät toteen kun me omaamme täydellisen uskon sillä Jumala on meidän kanssamme.

Apostoli Paavali tunsi hengellisen maailman salaisuudet

Jakeesta 2. Kor. 12:1 eteenpäin Paavali puhuu hengellisestä maailmasta. Hän sanoo: *"Minun täytyy kerskata; se tosin ei ole hyödyllistä, mutta minä siirryn nyt näkyihin ja Herran ilmestyksiin."* Tämä liittyy hänen taivaallisen kuningaskunnan Kolmannen taivaan Paratiisissa vierailuun.

2. Kor. 12:6 sanoo: *"Sillä jos tahtoisinkin kerskata, en olisi mieletön, sillä minä puhuisin totta; mutta minä pidättäydyn siitä, ettei kukaan ajattelisi minusta enempää, kuin mitä näkee minun olevan tai mitä hän minusta kuulee."* Apostoli Paavalilla oli useita hengellisiä kokemuksia ja hän sai Jumalalta ilmestyksiä mutta hän ei kuitenkaan voinut kertoa kaikkea mitä hän

hengellisestä maailmasta tiesi.

Jeesus sanoi jakeessa Joh. 3:12 näin: *"Jos ette usko, kun minä puhun teille maallisista, kuinka te uskoisitte, jos minä puhun teille taivaallisista?"* Jeesuksen opetuslapset eivät uskoneet Jeesukseen täydellisesti vielä senkään jälkeen kun he olivat todistaneet omin silmineen useita voimallisia tekoja. He omasivat aitoa uskoa vasta sen jälkeen kun he todistivat kuinka Jeesus nousi kuolleista. Tämän jälkeen he omistivat elämänsä Jumalan kuningaskunnalle ja evankeliumin levittämiselle. Samalla tavalla apostoli Paavali tiesi paljon hengellisestä maailmasta ja hän täytti velvollisuutensa täydellisesti koko elämällään.

Onko mitään mikän auttaisi meitä ymmärtämään hengellisen maailman salaisuuksia Paavalin tavoin? Tietenkin. Ensinnäkin, meidän pitää kaivata hengellistä maailmaa. Hengellisen maailman kaipaaminen vilpittömästi todistaa että me tunnustamme ja rakastamme Jumalaa, joka on itse henki.

Raamatussa kuvattu rajaton hengellinen maailma

Raamattu puhuu useaan otteeseen hengellisestä maailmasta ja hengellisistä kokemuksista. Aatami luotiin eläväksi olennoksi, hengeksi, ja hän pystyi kommunikoimaan Jumalan kanssa. Jopa hänen jälkeenkin oli monia profeettoja jotka kommunikoivat Jumalan kanssa ja kuulivat joskus jopa Jumalan äänenkin suoran (Genesis 5:11, 9:9-13; 4. Moos. 12:8). Joskus enkelit ilmestyivät ihmisille toimittamaan Jumalan sanomaa. Raamattu mainitsee myös hengelliseen maailmaan kuuluvat neljä elävää olentoa

(Hesekiel 1:4-14), kerubit (2. Samuel 6:2; Hesekiel 10:1-6) sekä tuliset hevoset ja rattaat (2. Kun. 2:11, 6:17).

Punainen meri jakaantui kahtia. Vesi alkoi virrata Jumalan miehen, Mooseksen, kautta. Aurinko ja kuu seisahtuivat Joosuan rukouksen kautta. Elia rukoili Jumalaa ja toi taivaasta tulta. Saatuaan maalliset velvollisuutensa täytettyä Elia vietiin taivaaseen tuulenpyörteessä. Nämä ovat esimerkkejä siitä kuinka hengellinen maailma on näyttäytynyt tässä fyysisessä maailmassa. Tämän lisäksi Elisan palvelijan silmät avautuivat 2. Kuninkaiden kirjan 6 luvussa kun Aaramin armeija saapui vangitsemaan Elisan. Elisan palvelija näki kuinka joukko tulisia hevosia ja kärryjä ympäröi Elisan häntä suojellakseen. Daniel heitettiin leijonien luolaan kanssaihmisten toimesta. Hän ei kuitenkaan vahingoittunut lainkaan sillä Jumala lähetti Hänen enkelinsä sulkemaan leijonien suut. Danielin kolme ystävää eivät totelleet kuninkaan käskyjä pitääkseen kiinni uskostaan ja heidät heitettiin tuliseen uuniin mikä oli seitsemän kertaa tavallista kuumempaa. Yksikään heidän hiuksista ei kuitenkaan vahingoittunut.

Jumalan Poika, Jeesus, otti ihmisruumiin tullessaan maan päälle. Hän kuitenkin teki rajattoman hengellisen maailman tekoja sillä Hän ei ollut fyysisten rajoitusten kahlitsema. Hän herätti kuolleita, paransi sairaita ja käveli vetten päällä. Tämän lisäksi Hän ilmestyi kahden opetuslapsensa eteen ylösnousemuksensa jälkeen heidän ollessa matkalla Emmaukseen

(Luuk. 24:13-16). Hän myös kulki seinien läpi ja ilmestui talossa oleville opetuslapsille jotka olivat lukinneet itsensä talon sisälle juutalaisten pelossa (Joh. 20:19).

Tässä on kyseessä teleportaatiosta, fyysisen tilan rajojen ylittämisestä. Tämä kertoo meille että hengellinen maailma on ajan ja paikan rajoitusten yläpuolella. Meidän silmillämme nähtävän fyysisen tilan lisäksi on olemassa myös hengellinen tila ja Hän liikkui tässä hengellisessä tilassa ilmestyen milloin ja missä Hän halusi.

Taivaan kansalaisuuden omaavien Jumalan lasten tulee kaivata hengellisiä asioita. Jumala antaa tämänkaltaista kaipuutta omaavien kokea hengellisen maailman Jeremian jakeen 29:13 mukaisesti: *"Te etsitte minua ja löydätte minut, kun te etsitte minua kaikesta sydämestänne."*

Me voimme mennä henkeen ja Jumala voi avata meidän hengelliset silmämme kun me heitämme pois omahyväisyytemme ja itsekeskeisyytemme sen lisäksi että me kaipaamme hengellisiä asioita.

Apostoli Johannes oli yksi Jeesuksen kahdestatoista opetuslapsesta (Ilmestyskirja 1:1, 9). Vuonna 95 jKr Rooman keisari Domitius pidätti hänet ja heitätti hänet kiehuvaa öljyä täynnä olevaan kattilaan. Johannes ei kuitenkaan kuollut tähän ja hänet karkotettiin Aigeian meressä olevalle Patmoksen saarelle. Täällä hän kirjasi ylös Raamatun Ilmestyskirjan.

Johanneksen täytyi olla tarpeeksi pyhä voidakseen kelvata näiden näkyjen näkijäksi. Tämä tarkoitti sitä että hänen täytyi olla pyhä ilman pahuutta ja hänen piti myös omata Herran sydämen kaltaisen sydämen. Hän pystyi tuomaan taivaan syviä salaisuuksia ja Taivaan ilmestyksiä Pyhän Hengen hurmiossa puhtaan ja pyhän sydämen avulla uhrattujen palavien rukousten kautta.

Taivas ja helvetti ovat varmasti olemassa

Taivas ja helvetti sijaitsevat hengellisessä maailmassa. Pian sen jälkeen kun minä olin avannut Manminin kirkon Jumala näytti minulle taivaan ja helvetin rukouksessani. Sanat eivät voi kuvata sitä kauneutta ja onnea mitä minä tunsin taivaassa.

Uuden testamentin aikana Jeesuksen Kristuksen henkilökohtaiseksi Pelastajakseen hyväksyneet saavat osakseen syntien anteeksiannon sekä pelastuksen. Heidän maallisen elämänsä päätyttyä he menevät ensiksi Ylempään hautaan. He viettävät täällä kolme päivää sopeutuen hengellisessä maailmassa elämiseen minkä jälkeen he muuttavat taivaan kuningaskunnan Paratiisin odotuspaikkaan. Uskon isä Aabraham oli vastuussa Ylemmästä haudasta aina Herran ylösnousemukseen saakka ja tämän tähden Raamattu sanoo että köyhä Lasarus oli 'Aabrahamin rinnalla.'

Jeesus saarnasi evankeliumia Ylemmän haudan sieluille henkäistyään viimeisen henkäyksensä ristillä (1. Piet. 3:19). Saarnattuaan evankeliumia Ylemmässä haudassa Hän nousi taivaaseen ja toi kaikki sielut Paratiisiin. Tästä alkaen pelastuneet

236

sielut ovat odottaneet taivaan odotuspaikalla Paratiisin liepeillä. Valkean valtaistuimen tuomion jälkeen nämä sielut menevät taivaallisiin asuinsijoihinsa uskonsa mitan mukaisesti ja täällä he tulevat asumaan ikuisesti.

Valkean valtaistuimen tuomio pidetään ihmiskunnan jalostuksen päätyttyä. Tällöin Jumala tuomitsee jokaisen luomisen jälkeen syntyneen jokaisen teon, oli se sitten hyvä tai paha. Tätä kutsutaan Valkean valtaistuimen tuomioksi sillä Jumalan tuomioistuin on niin kirkas ja loistava että se näyttää täysin valkealta (Ilmestyskirja 20:11).

Tämä suuri tuomio tapahtuu Herran toisen tulemisen jälkeen ja tuhatvuotisen valtakunnan päätyttyä. Pelastuneille sieluille tämä on palkitsemisen tuomio, kun taas pelastumatta jääneille kyseessä on rangaistuksen tuomio.

Pelastumatta jääneiden sielujen elämä kuoleman jälkeen

Ihmiset jotka eivät ole ottaneet Herraa vastaan ja ihmiset jotka ovat tunnustaneet uskovansa Häneen mutta jääneet silti pelastuksetta viedään kahden saattajan toimesta helvettiin. Nämä sielut joutuvat olemaan suuren kuopan kaltaisessa tilassa kolmen päivän ajan valmistautuessaan elämään Alemmassa haudassa. Heitä odottaa vain suuret tuskat. Kolmen päivän päästä heidät siirretään Alempaan hautaan missä heitä rangaistaan syntiensä mukaisesti. Helvettiin kuuluva Alempi hauta on yhtä laaja kuin

237

taivas ja siellä on paljon paikkoja mihin pelastumatta jääneet sielut joutuvat.

Alemmassa haudassa olevat sielut tulevat kokemaan erilaisia rangaistuksia Valkean valtaistuimen tuomioon saakka. Nämä rangaistukset pitävät sisällään raadelluksi tulemisen eläinten tai hyönteisten toimesta sekä helvetin sanansaattajien toimeenpanevan kidutuksen. Tämän Valkean valtaistuimen tuomion jälkeen nämä sielut joutuvat joko tulen tai tulikiven järveen missä he joutuvat kärsimään ikuisesti (Ilmestyskirja 21:8).

Tämä tulisen järven rangaistus on sanoinkuvaamattoman verran kivuliaampi kuin Alemman haudan rangaistus. Helvetin tuli on kuvaamattoman kuumaa. Tulikiven järvi on seitsemän kertaa tulista järveä kuumempi. Tämä järvi on niitä varten jotka ovat tehneet Pyhän Hengen pilkan ja vastustamisen kaltaisia anteeksiantamattomia syntejä.

Jumala näytti minulle kerran tulen ja tulikiven järven. Nämä järvet olivat loppumatomia ja täynnä jotakin mikä näytti aivan kuumista lähteistä lähtevältä höyryltä. Nämä järvet olivat täynnä ihmisiä, toiset rintaansa myöten ja toiset kaulaansa myöten upotettuina. Tulisessa järvessä olevat ihmiset kiemurtelivat ja huusivat kun taas tulikiven järvessä olevat ihmiset olivat niin suurissa tuskissa että he eivät voineet edes kiemurrella. Meidän pitää uskoa että tämä näkymätön maailma on todellakin olemassa sekä elää Jumalan Sanan mukaisesti niin että me tulemme varmasti saamaan pelastuksen osaksemme.

Niin kuin aurinko ja kuu eroavat kirkkaudessaan

Puhuessaan ylösnousemuksen jälkeisestä kehosta apostoli Paavali sanoi: *"Toinen on auringon kirkkaus ja toinen kuun kirkkaus ja toinen tähtien kirkkaus, ja toinen tähti voittaa toisen kirkkaudessa"* (1. Kor. 15:41).

Auringon kirkkaus viittaa kirkkauteen mikä annetaan niille jotka ovat heittäneet syntinsä kokonaan pois, tulleet pyhittyneeksi ja olleet uskollisia koko Jumalan talossa. Kuun kirkkaus viittaa kirkkauteen joka annetaan niille jotka eivät ole saavuttaneet auringn kirkkauden tasoa. Tähtien kirkkaus annetaan niille jotka ovat saavuttaneet vähemmän kuin kuun kirkkauden saavuttaneet. Myös tähtien kirkkaus eroaa toisistaan ja niin kaikki saavat osakseen erilaisen kirkkauden ja palkkion vaikka he astuisivatkin samaan taivaalliseen asuinpaikkaan.

Raamattu kertoo meille että me saamme taivaassa osaksemme erilaisia kirkkauksia. Taivaalliset asuinsijat ja palkkiot vaihtelevat sen mukaan kuinka paljon me heitämme syntejämme pois, kuinka paljon hengellistä uskoa me omaamme ja kuinka uskollisia me olemme olleet Jumalan kuningaskunnalle.

Taivaallisessa kuningaskunnassa on useita asuinsijoja jotka annetaan henkilöille heidän uskonsa tason mukaisesti. Paratiisi annetaan niille joilla on pienin määrä uskoa. Ensimmäinen kuningaskunta on Paratiisia korkeammalla tasolla, kun taas Toinen kuningaskunta on Ensimmäistä parempi ja Kolmas Toista kuningaskuntaa parempi. Uusi Jerusalem sijaitsee taivaan Kolmannessa kuningaskunnassa ja täällä on myös Jumalan valtaistuin.

Taivasta ei voida verrata Eedenin puutarhaan

Eedenin puutarha on niin kaunis ja rauhallinen paikka että edes tämän maailman kaunein paikka ei ole sen verralla mitään. Edes Eedenin puutarhaa ei voida kuitenkaan edes verrata taivaalliseen kuningaskuntaan. Eedenin puutarhassa vallitseva onnellisuus ja taivaallisen kuningaskunnan onnellisuus ovat täysin erilaisia, sillä Eedenin puutarha sijaitsee toisessa taivaassa ja taivaallinen kuningaskunta kolmannessa taivaassa. Tämä johtuu myös siitä että Eedenin puutarhassa asuvat eivät ole Jumalan uskollisia lapsia jotka ovat käyneet läpi ihmiskunnan jalostuksen prosessin.

Kuvittele että maailmallinen elämä on pimeydessä elämistä ilman valoja. Tällöin Eedenin puutarhan elämä on kuin lampun valossa elämistä ja taivaassa eläminen on kun kirkkaan sähkövalon valossa elämistä. Ennen sähkölampun keksimistä ihmiset käyttivät lamppuja jotka olivat sangen himmeitä. Näitä lamppuja pidettiin kuitenkin arvokkaina. Ihmiset olivat ihmeissään kun he näkivät sähkövaloja ensimmäistä kertaa.

Me olemme jo maininneet että ihmiset saavat taivaallisia

asuinsijoja heidän uskonsa mitan mukaisesti ja sen mukaan minkälaisen hengen he ovat jalostaneet maallisen elämänsä aikana. Nämä taivaalliset asuinsijat vaihtelevat sen mukaan minkälainen kirkkaus ja onnellisuus sen sisällä vallitsee. Me voimme astua Uuteen Jerusalemiin missä Jumalan valtaistuin sijaitsee jos me saavutamme tason joka on enemmän kuin vain koko Jumalan talossa uskollisena olemista ja me muutumme hengen täyteyden ihmiseksi.

Uusi Jerusalem, paras uskollisille lapsille annettu lahja

Jeesus sanoi jakeessa Joh. 14:2 näin: *"Minun Isäni kodissa on monta asuinsijaa."* Tämän mukaisesti taivas pitää sisällään useita eri asuinsijoja. Siellä on Jumalan valtaistuimen sisällään pitävä Uusi Jerusalem sekä paratiisi mihin kaikki vain vaivoin pelastuneet pääsevät.

Uutta Jerusalemia kutsutaan myös "Kirkkauden kaupungiksi" ja se on kaikista taivaallisista asuinsijoista kaunein. Jumala ei halua että ihmiset tulevat vain vaivoin pelastetuksi vaan että he myös kaikki astuisivat tähän kaupunkiin (1. Tim. 2:4).

Maanviljelijä ei voi tuottaa pelkästään parhaimman luokan viljaa. Samalla tavalla kaikki ihmiskunnan jalostukseen osaa ottaneet eivät voi tulla Jumalan uskollisiksi lapsiksi jotka ovat saavuttaneet hengen täyteyden. Tämän tähden Jumala valmisti useita eri asuinsijoja taivaaseen niitä varten jotka eivät pääse

Uuteen Jerusalemiin.

Paratiisi ja Uusi Jerusalem ovat hyvin erilaisia samalla tavalla kuin vanha hökkeli ja kuninkaallinen palatsi eroavat toisistaan. Samalla tavalla kuin vanhemmat haluavat antaa lapsilleen vain parasta, Jumala haluaa meidän tulevan uskollisiksi lapsiksi ja jakavan kaiken Hänen kanssaan Uudessa Jerusalemissa.

Jumalan rakkaus ei rajoitu tiettyihin henkilöihin. Se annetaan kaikille jotka ottavat Jeesuksen Kristuksen vastaan. Taivaalliset asuinsijat ja palkkiot sekä Jumalan antama antama rakkauden mitta vaihtelevat kuitenkin henkilön pyhittymisen ja uskollisuuden mukaan.

Paratiisiin tai taivaan Ensimmäiseen tai Toiseen kuningaskuntaan pääsevät eivät ole heittäneet lihaa pois kokonaan ja niin he eivät ole todellisia Jumalan uskollisia lapsia. Samalla tavalla kuin pienet lapset eivät ymmärrä vanhempiensa tahtoa kunnolla näiden ihmisten on vaikea ymmärtää Jumalan sydäntä. Tämän tähden on myös Jumalan rakkautta ja oikeudenmukaisuutta että Hän valmisti erilaiset asuinsijat taivaaseen henkilöiden uskon mitan mukaisesti. On aina nautinnollisempaa seurustella saman ikäisten ihmisen kanssa ja niin myös taivaallisille kansalaisille on mukavampaa ja nautinnollisempaa kerääntyä yhteen saman määrän uskoa omaavien ihmisten kanssa.

Uuden Jerusalemin kaupunki todistaa myös siitä että Jumala

on korjannut täydellisiä hedelmiä ihmiskunnan kehityksen kautta. Kaupungin kaksitoista peruskiveä todistavat siitä että kaupunkiin astuvien Jumalan lasten sydämet ovat yhtä kauniita kuin nämä kallisarvoiset kivet. Helmiportit todistavat siitä että näiden porttien läpi kulkevat lapset ovat jalostaneet kärsivällisyyttä kuin helmisimpukat jotka valmistavat helmiä kärsivällisyyden kautta.

Astuessaan helmiporttien lävitse näitä lapsia muistutetaan siitä kuinka kärsivällisiä he ovat olleet päästäkseen taivaaseen. Kävellessään kultaisilla kaduilla he muistavat kuinka he valitsivat uskon polun tämän maan päällä. Heille annettujen talojen koko ja koristukset muistuttavat heitä siitä kuinka paljon he rakastivat Jumala tämän maan päällä ollessaan ja kuinka he kirkastivat Jumalaa uskollaan.

Uuteen Jerusalemiin pääsevät saavat nähdä Jumalan kasvotusten sillä he ovat jalostaneet uskon joka on yhtä puhdas ja kaunis kuin kristalli, tullen näin Jumalan uskollisiksi lapsiksi. He tulevat myös lukemattomien enkeleiden palvelemiksi ja he elävät ikuisessa onnessa ja riemussa. Tämä paikka on niin riemullinen ja pyhä että ihmisen mielikuvitus ei voi sitä käsittää.

Myös taivaassa on useita erilaisia kirjoja. Siellä on elämän kirja joka pitää sisällään kaikkien niiden nimet jotka tulevat pelastetuiksi. Siellä on myös muiston kirja johon kirjoitetaan ne asiat jotka muistetaan ikuisesti. Tämä kirja on kultainen ja sen kannessa on arvokkaan näköisiä kuvioita niin että kaikki näkevät että kyseessä on arvokas kirja. Tähän on kirjattu yksityiskohtaisesti mitä kukin on tehnyt missäkin tilanteessa, ja kaikista tärkeimmät kohdat on tallennettu myös videolle.

Tähän kirjaan on kirjattu esimerkiksi se kuinka Aabraham uhrasi poikansa Iisakin polttouhriksi, kuinka Elija toi taivaasta tulta maan päälle, kuinka Danielia suojeltiin leijonien luolassa sekä kuinka Danielin kolmea ystävää suojeltiin palavassa pätsissä Jumalan kirkastamiseksi. Jumala valitsee erään päivän jona hän avaa tämän kirjan ja esittää sen sisällön ihmisille. Jumalan lapset kuuntelevat Häntä onnellisena ja ylistävät Häntä kiittäen.

Uudessa Jerusalemissa järjestetään myös jatkuvasti pitoja, mukaanlukien Isä Jumalan järjestämiä pitoja. Herra, Pyhä Henki sekä myös profeetta Elijan, Eenokin, Aabrahamin, Mooseksen ja apostoli Paavalin kaltaiset henkilöt järjestävät omia pitoja. Myös uskovat voivat kutsua veljiään omiin pitoihinsa. Nämä pidot ovat taivaallisen elämän riemun huipennus. Näiden pitojen aikana ihmiset näkevät ja nauttivat yltäkylläisyydestä, vapaudesta, kauneudesta sekä Herran kirkkaudesta.

Jopa tämän maankin päällä ihmiset koristautuvat mahdollisimman kauniiksi ja nauttivat siitä että he voivat syödä ja juoda suurien pitojen aikana. Jumalan lapset voivat myös laulaa ja tanssia musiikin tahdissa. Tämä paikka on täynnä kauniita tansseja sekä laulamista ja iloisen naurun ääntä. He voivat keskustella iloisesti uskon veljien kanssa pyöreän pöydän äärellä istuen tai sitten he voivat tervehtiä uskon esi-isiä joiden näkemisestä he ovat uneksineen kauan aikaa.

Uskovat koristautuvat parhaimmansa mukaan Herran morsiamiksi jos heidät kutsutaan Herran pitämille pidoille. Herra on heidän hengellinen sulhonsa. Herran morsianten saapuessa Hänen linnansa eteen kaksi enkeliä ottaa heidät nöyrästi vastaan kultaisten valojen valaiseman portin molemmin puolin.

Tämän linnan muurit on koristeltu erilaisilla jalokivillä. Muurin huippu on koristeltu kauniilla kukilla jotka tuoksuvat vienosti juuri saapuneiden Herran morsianten eduksi. Heidän astuessa linnaan he kuulevat musiikkia joka koskettaa heidän henkensä syvimpiä syvyyksiä. He tuntevat iloa ja lohtua kuullessaan ylistyksen ääntä ja he ovat kiitollisuuden liikuttamia, ajatellen Jumalan rakkautta joka on ohjannut heidät tähän paikkaan.

Heidän kulkiessa kultaisen tien päällä enkelien johtamana kohti Herran linnan päärakennusta heidän sydämensä täyttyvät innosta. Lähestyessään päärakennusta he näkevät ulos astuneen ja heitä vastaanottamaan saapuneen Herran. Heidän silmänsä täyttyvät välittömästi kyynelillä mutta nyt he kiiruhtavat kohti Herraa sillä he haluavat kohdata Hänet niin pian kuin mahdollista.

Herra syleilee heitä yksitellen. Hänen kasvonsa ovat täynnä rakkautta ja myötätuntoa ja Hänen käsivartensa ovat avoinna. Hän toivottaa heidät tervetulleeksi sanoen: "Tulkaa! Minun kauniit morsiameni! Tervetuloa!" Lämpimästi Herran tervetulleeksi toivottamat uskovat kiittävät Häntä sydämensä pohjasta, sanoen: "Minä kiitän sinua minun kutsumisesta!" He kulkevat käsi kädessä Herran kanssa kuin rakastavaiset ikään katsellen ympärillään avautuvia näkyjä. He keskustelevat Herran kanssa niistä asioista joista he niin kovasti halusivat Hänen kanssan puhua tämän maan päällä ollessaan.

Elämä Uudessa Jerusalemissa yhdessä kolmiyhteisen Jumalan kanssa on täynnä rakkautta, iloa, onnea sekä riemua. Me voimme nähdä Herran kasvotusten, olla Hänen rinnallaan, kulkea Hänen kanssaa sekä nauttia monista asioista Hänen kanssaan. Kuinka iloista elämää tämä onkaan! Voidaksemme nauttia tästä onnesta meidän pitää tulla pyhiksi ja irvoittaa meidän henkemme. Meidän tulee lisäksi saavuttaa hengen täyteys joka muistuttaa Herran sydäntä.

Saavuttakaamme täten hengen täyteys tästä unelmoiden siunauksista, terveydestä sekä sielun kukoistuksesta nauttien, voidaksemme sitten myöhemmin päästä mahdollisimman lähelle Jumalan valtaistuinta Uuden Jerusalemin kirkkaassa kaupungissa.

Kirjailija:
Pastori Dr. Jaerock Lee

Dr. Jaerock Lee syntyi Muanissa, Jeonnamin provinssissa, Korean Tasavallassa vuonna 1943. Nuoruudessaan Dr. Lee kärsi useista parantumattomista sairauksista seitsemän vuoden ajan. Ilman toivoa parantumisesta hän odotti kuolemaa. Eräänä päivänä keväällä 1974 hänen siskonsa johdatti hänet kirkkoon, ja hänen kumartuessaan rukoilemaan Elävä Jumala paransi hänet välittömästi kaikista hänen sairauksistaan.

Siitä hetkestä lähtien kun Dr. Lee tapasi Elävän Jumalan tuon ihmeellisen tapahtuman kautta hän on rakastanut Jumalaa vilpittömästi koko sydämellään, ja vuonna 1978 hänet kutsuttiin Jumalan palvelijaksi. Hän noudatti Jumalan Sanaa ja rukoili kuumeisesti saadakseen selvyyden Jumalan tahdosta voidakseen toteuttaa sitä. Vuonna 1982 hän perusti Manminin Central Churchin Soulissa, Koreassa, ja siitä lähtien kirkossa on tapahtunut lukemattomia Jumalan töitä, parantumisia ja muita ihmeitä mukaan lukien.

Vuonna 1986 Dr. Lee vihittiin pastoriksi Korean Jesus' Sungkyul Churchin vuotuisessa kirkkokouksessa, ja neljä vuotta myöhemmin vuonna 1990 hänen saarnojansa alettiin lähettää Australiaan, Venäjälle, Filippiineille ja useisiin muihin maihin Far East Broadcastin Companyn, the Asia Broadcast Stationin ja the Washington Christian Radion Systemin kautta.

Kolme vuotta myöhemmin vuonna 1993 *Christian World Magazine* (US) valitsi Manmin Central Churchin yhdeksi "maailman 50:stä huippukirkosta", ja hän vastaanotti kunniatohtorin arvonimen jumaluusopissa Christian Faith Collegesta, Floridassa ja vuonna 1996 teologian tohtorin arvonimen Kingsway Theological Seminarysta Iowassa.

Vuodesta 1993 lähtien Dr. Lee on johtanut maailmanlaajuista missiota useiden kansainvälisten ristiretkien kautta jotka ovat suuntautuneet Tansaniaan, Argentiinaan, Los Angelesiin, Baltimoreen, Hawaijille, sekä New Yorkiin Yhhdysvalloissa, sekä Ugandaan, Japaniin, Pakistaniin, Keniaan, Filippiineille, Hondurasiin, Intiaan, Venäjälle, Saksaan, Peruun, Kongon Demokraattiseen Tasavaltaan, Israeliin sekä Viroon.

Vuonna 2002 Korean kristilliset sanomalehdet kutsuivat häntä "kansainväliseksi pastoriksi" hänen lukuisten ulkomaisten ristiretkien aikana tekemänsä työn johdosta. Varsinkin hänen Madison Square Gardenissa järjestetty "2006 New Yorkin Ristiretki" lähetettiin yli 220 maahan. Jerusalemin kansanvälisessä kokouskeskuksessa järjestetyn vuoden 2009 "Israel Yhtykää Ristiretken" aikana hän saarnasi rohkeasti siitä kuinka Jeesus Kristus on Messia ja Pelastaha. Hänen saarnojaan on lähetetty yli 176 maahan satelliittien välityksellä sekä GCN TV:n kautta. Vuosina 2009 ja 2010 suosittu venäläinen kristillinen lehti *In Victory* ja uusi *Christian Telegraphy* valitsi hänet yhdeksi maailman 10 vaikutusvaltaisimmaksi kristillisestä johtajaksi hänen voimallisten Tv-lähetysten ja ulkomaille suuntautuneen työn tähden.

Syyskuu 2014 Manmin Central Church on seurakunta joka muodostuu yli 120 000 jäsenestä sekä 10000 koti-ja ulkomaisesta jäsenkirkosta kautta maailman, mukaanlukien 56 kotimaista haarakirkkoa. Se on lähettänyt yli 123 lähetyssaarnaajaa 23:n maahan, mukaan lukien Yhdysvaltoihin, Venäjälle, Saksaan, Kanadaan, Japaniin, Kiinaan Ranskaan, Intiaan, Keniaan sekä useaan muuhun maahan.

Tähän päivään mennessä Dr. Lee on kirjoittanut 93 kirjaa, mukaan lukien bestsellerit *Ikuisen Elämän Maistaminen Ennen Kuolemaa, Elämäni ja Uskoni, Ristin Sanoma, Uskon Mitta, Henki Sielu ja Ruumis, Taivas I & II, Helvetti sekä Jumalan Voima*. Hänen teoksiaan on käännetty yli 76 kielelle.

Hän on kirjoittanut kristillisiä kolumneja useisiin sanomalehtiin, mukaanlukien *The Hankook Ilbo, The JoongAng Daily, The Dong-A Ilbo, The Chosun Ilbo, The Munhwa Ilbo, The Seoul Shinmun, The Kyunghyang Shinmun, The Hankyoreh Shinmun, The Korea Economic Daily, The Korea Herald, The Shisa New* ja *The Christian Press.*

Dr. Lee on tällä hetkellä usean lähetysorganisaation ja –seuran johdossa, mukaan lukien The United Holiness Church of Jesus Christ (presidentti), Manmin World Mission (presidentti), The World Christianity Revival Mission Association (pysyvä puheenjohtaja), Global Christian Network (GCN) (perustaja ja johtokunnan jäsen), The World Christian Doctors Network (WCDN) (Perustaja ja puheenjohtaja), sekä Manmin International Seminary (MIS) (perustaja sekä johtokunnan jäsen.)

Taivas I & II

Yksityiskohtainen kuvaus siitä ihmeellisestä elinympäristöstä josta taivaalliset kansalaiset saavat nauttia sekä taivaallisen kuningaskunnan eri tasoista.

Ristin Sanoma

Voimallinen herätysviesti kaikille niille jotka ovat hengellisesti nukuksissa. Tästä kirjasta sinä löydät Jumalan todellisen rakkauden ja syyn siihen että Jeesus on Pelastaja.

Helvetti

Vilpitön viesti koko ihmiskunnalle Jumalalta, joka ei tahdo yhdenkään sielun joutuvan helvetin syvyyksiin! Sinä löydät koskaan aikaisemmin paljastamattoman kuvauksen Helvetin julmasta todellisuudesta.

Espírito, Alma e Corpo: Volume 2

Kirja selittää Jumalan alkuperän ja muodon, henkien tilat, ulottuvuudet sekä pimeyden ja kirkkauden, jakaen meille salaisuuksia joiden avulla me voimme tulla hengen täyteyden ihmisiksi jotka voivat ylittää ihmisten rajoituksia.

Uskon Mitta

Minkälainen asuinsija sinulle on valmistettu taivaaseen ja minkälaiset palkkiot odottavat sinua siellä? Tämä kirja antaa sinulle viisautta ja ohjeistusta jotta sinä voisit mitata uskosi määrän ja kasvattaa uskostasi syvemmän ja kypsemmän.

Herää, Israel

Miksi Jumala on pitänyt katseensa Israelissa aina aikojen alusta tähän päivään saakka? Minkälainen suunnitelma on laadittu Messiasta odottavan Israelin viimeisiä päiviä varten?

Elämäni ja Uskoni I & II

Uskomaton hengellisyyden aromi elämästä joka puhkesi vertaistaan vailla olevaan rakkauteen Jumalaa kohtaan tummien aaltojen, kylmien ikeiden ja syvän epätoivon keskellä.

Jumalan Voima

Välttämätön teos joka opastaa kuinka omata aitoa uskoa ja kuinka kokea Jumalan ihmeellinen voima.